Schett · Selbstgesteuertes Lernen

Alois Schett

Selbstgesteuertes Lernen

Lerntagebücher in einem
Blended-Learning-Szenario
in der Sekundarstufe I

Verlag Werner Hülsbusch
Fachverlag für Medientechnik und -wirtschaft

A. Schett: Selbstgesteuertes Lernen

Bibliografische Information der Deutschen Bibliothek
Die Deutsche Bibliothek verzeichnet diese Publikation in der Deutschen
Nationalbibliografie; detaillierte bibliografische Daten sind im Internet unter
http://dnb.ddb.de abrufbar.

© Verlag Werner Hülsbusch, Boizenburg, 2008

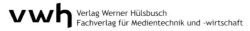

Verlag Werner Hülsbusch
Fachverlag für Medientechnik und -wirtschaft

www.vwh-verlag.de

Satz und Lektorat: Werner Hülsbusch
Umschlag: design of media, Lüchow
Druck und Bindung: Kunsthaus Schwanheide

Printed in Germany

ISBN: 978-3-940317-25-4

Inhaltsverzeichnis

Vorwort

Jahrelange Praxis im österreichischen Schuldienst – davon zehn Jahre Unterricht an einer Hauptschule mit dem Schwerpunkt „Offenes Lernen" – waren für mich Anlass, mich im Rahmen meines Masterstudiums „Educational Technology" an der Donau-Universität Krems intensiv mit dem Thema des selbstgesteuerten Lernens zu beschäftigen. In meiner Master Thesis versuchte ich, die gewonnenen Erfahrungen auf wissenschaftlicher Basis zu reflektieren und empirisch zu untersuchen. Meine Hauptinteressen richteten sich auf die praktische Umsetzbarkeit von wissenschaftlichen Hypothesen, auf die theoretischen Modelle zum selbstgesteuerten Lernen und damit auf den Versuch der Verifizierung bzw. Falsifizierung von Fragestellungen in diesem Zusammenhang. Das vorliegende Buch entstand aus dieser Master Thesis.

Zur Frage der gendergerechten Formulierungen möchte ich festhalten, dass es meiner persönlichen Meinung nach bis heute keine wirklich optimale Lösung gibt, die sowohl der Grammatik, dem Lesefluss sowie vor allem Frauen und Männern gerecht wird. Ich bitte meine Leserinnen und Leser, meine sprachlichen Formulierungen in der vorliegenden Arbeit als geschlechtsneutral anzusehen, die niemanden diskriminieren wollen!

Zur Erklärung möchte ich noch anführen, dass ich relativ häufig zusammengesetzte Hauptwörter mit Bindestrich getrennt habe, um auf einen Teil oder beide Wortteile verstärkt hinzuweisen – meistens handelt es sich dabei um übertragene Wörter, die im Englischen ein etwas anderes Gewicht oder eine geringfügig andere Bedeutung haben als im Deutschen und dies sonst im Fließtext untergehen würde.

Der Begriff Grundschule ist hauptsächlich in Deutschland in Verwendung, in Österreich ist es die Volksschule, Elementary School (Grade School) in den USA und Primary School in Großbritannien. Sie umfassen im Normalfall die Klassenstufen vom Kindergarten bis zur vierten, fünften oder sechsten Klasse. Ich verwende in der vorliegenden Arbeit generell den Begriff Grundschule für diesen Altersbereich, weil er am aussagekräftigsten ist. Der Begriff Sekundarstufe I, wie er im gesamten deutschsprachigen Bereich Verwendung findet, beginnt mit der fünften Schulstufe, baut auf die Grundschule auf und endet mit der Schulpflicht. Ergänzend sei angemerkt, dass die

Sekundarstufe II mit der neunten Schulstufe beginnt und mit der Reife-
prüfung (Abitur bzw. Matura) endet.

Ich möchte den Schülerinnen und Schülern der beiden vierten Klassen
unserer Hauptschule Langkampfen (Österreich) sowie deren Klassenlehrerinnen ANGELA BICHLER und CORNELIA NÖBL herzlichen Dank dafür aus-
sprechen, dass sie mein Vorhaben durch ihre Mitwirkung an der empirischen
Untersuchung unterstützt haben. Durch ihre Bereitschaft, das Lerntagebuch
zu führen, wurde es mir erst möglich, wertvolle Erkenntnisse über Selbststeuerung oder verändertes Rollenverhalten im schulischen Kontext zu gewinnen.

Kufstein, im März 2008
ALOIS SCHETT

1 Einleitung

Die intensive Forschung der letzten beiden Jahrzehnte zum selbstgesteuerten Lernen[1] sowohl im schulischen als auch im beruflichen Bildungsbereich bzw. in der Erwachsenenbildung lässt auf die Wichtigkeit der Selbststeuerung im Hinblick auf das lebenslange Lernen schließen. Nachdem das lebenslange Lernen in den 1970er Jahren auf europäischer Ebene schon einmal Thema war, boomte der Begriff Mitte der 1990er Jahre, ausgelöst durch eine europäische, ja weltweite Kampagne. So wurde das Jahr 1996 von der Europäischen Union (EU) zum „Jahr des lebenslangen Lernens" ausgerufen, die EU-Kommission gab ein Weißbuch heraus, Bildungsminister der OECD-Länder vereinbarten einen Aktionsplan, Gutachten und Berichte zum lebenslangen und selbstgesteuerten Lernen wurden in Auftrag gegeben usf. (vgl. SIEBERT 2006; STRAKA 2005). „Die Wissensgesellschaft und sozioökonomische Entwicklungen wie Globalisierung, Veränderung der Familienstrukturen, demographischer Wandel, Informationsgesellschaft und Technologie eröffnen der EU und ihren Bürgern zahlreiche Chancen, stellen sie aber auch vor Herausforderungen" (Europäische Kommission 2001: 6). Um an den neuen Möglichkeiten betreffend Kommunikation, Beschäftigung, Mobilität usw. partizipieren zu können, muss der Mensch sich laufend neue Kenntnisse und Kompetenzen aneignen. Nur mit einem solchen lebenslangen Lernen kann der Mensch „die Vorteile der Wissensgesellschaft nutzen und die neuen Herausforderungen meistern" (ebd.).

Im Zusammenhang mit Begriffen wie „Informationsgesellschaft"[2], „Wissensexplosion", „Lifelong Learning" oder „E-Learning" generell erlangt die Selbststeuerung beim Lernen fast schon Rezeptcharakter. Die Antwort auf die Erfordernisse der Wissensgesellschaft sowie auf einen Arbeitsmarkt, in dem die Ausbildungsinhalte zunehmend schneller veralten, wird im lebenslangen Lernen gesehen. Allerdings müssen dafür Lernstrategien erworben

---

1 Vgl. beispielsweise BOEKAERTS/NIEMIVIRTA 2005; BOEKAERTS/ROZENDAAL 2006; ZIMMERMAN/MARTINEZ-PONS 1990; ZIMMERMAN 2005; ZIMMERMAN 2006; SCHUNK 1989a; SCHUNK/ERTMER 2005; CORNO 1986; CORNO 1989; ROHRKEMPER 1989; PINTRICH 2005.

2 Dieser Begriff wird derzeit durch das flexiblere Modewort „Wissensgesellschaft" abgelöst.

werden, die selbstgesteuertes Lernen ermöglichen. Die Grundlage dafür sind unterschiedliche Selbstlernkompetenzen, um den Bildungsbedarf zu identifizieren, Lernprozesse zu planen, durchzuführen, zu reflektieren und zu evaluieren (vgl. ARNOLD/GÓMEZ TUTOR 2006; ZIMMERMAN 2006; SCHWARZ 2004). „Die Fähigkeit zum selbstgesteuerten Lernen und zum Selbstmanagement wird so [wegen des konstanten Wandels unserer Zeit mit ständig neuen Herausforderungen, Anm. d. V.] für immer mehr Personen – zunehmend unabhängig von Bildungsniveau oder Tätigkeitsfeld – zu einem Auslesekriterium in unserer Gesellschaft" (SCHLOOS 2000: 5).

Die Schule ist der Ort, wo die Grundsteine für das Lernen allgemein, für Lernmotivation, Lernkompetenzen und Lernverantwortung im Speziellen gelegt werden. In ihrem Projektbericht ziehen SPIEL und SCHOBER (2002: 69) bezüglich der damaligen motivationalen Situation in der Schule in Österreich die zentrale Schlussfolgerung: „Die Schule trägt offenbar derzeit nur in begrenztem Umfang zur Förderung jener Kompetenzen und Sichtweisen von Schüler(inne)n bei, die Lebenslanges Lernen vorbereiten." Als vierten Punkt in einem Zehn-Punkte-Maßnahmenprogramm führen sie die Wichtigkeit von selbstgesteuertem Lernen an: „Selbstgesteuertes Lernen, bei dem man lernt, Verantwortung für das eigene Lernen zu übernehmen muss zentraler werden (d. h. auch mehr Lernkompetenzen fördern)" (SPIEL/SCHOBER 2002: 74).

Im Zusammenhang mit den sog. neuen Medien wird das selbstgesteuerte und kooperative Lernen immer wichtiger, da die viel gepriesenen Vorteile virtueller Lernwelten auch neue Möglichkeiten eröffnen, zeit- und ortsunabhängig individuelle Lernpfade zu beschreiten. KOPP und MANDL (2006) unterstreichen, dass die Fähigkeiten dazu bereits in der Schule erworben werden müssen und später in der Fort- und Weiterbildung kontinuierlich angewendet und vertieft gehören.

Als ein zukünftiger Forschungsschwerpunkt wird im Zusammenhang mit selbstgesteuertem Lernen immer wieder der Bereich der Grundschule und Sekundarstufe I erwähnt (beispielsweise auch in WEINSTEIN/HUSMAN/DIERKING 2005). Wie kann dort Lernen unter Selbststeuerungsaspekten gefördert oder geschult werden? Wie können die Lehrenden in Schulen mit Kindern und Jugendlichen dieses Alters bei der Förderung des selbstgesteuerten Lernens unterstützt werden?

Auf Basis der obigen Ausführungen kann festgehalten werden: Selbstgesteuertes Lernen ist ein Schlüssel für die Wissensgesellschaft. Die Frage ist, ob selbstgesteuertes Lernen von alleine entsteht oder ob es erlernt werden kann. Die Grundaussage von GRAF (2003: 57), „dass jemand, der etwas lernen möchte, dies nur selbst tun kann", überträgt damit dem Lernenden einen Teil der Verantwortung für sein Lernergebnis und kann zu einem anderen, neuen Verständnis der Rolle von Lehrenden und Lernenden führen. Hieraus ergibt sich auf der einen Seite für die Lernenden der Nutzen, den Lerneffekt durch Selbststeuerung steigern zu können. Die Frage nach den Teilprozessen beim selbstgesteuerten Lernen und danach, wie die Lehrer und Lehrerinnen ihre Schüler und Schülerinnen beim Erwerb von Selbststeuerungstechniken unterstützen können, ist ein zentrales Anliegen. Neue Medien, sinnvoll in „Blended Learning"-Szenarien integriert, haben ein großes Potenzial bei der Individualisierung und Personalisierung des Unterrichts.[3] Auf der anderen Seite können die Lehrenden Vorteile aus der Situation ziehen, Verantwortung an die Lernenden abgeben zu können und durch Coachingleistungen zu einer Steigerung des Lernerfolges beizutragen. Dies wird durch asynchrone Kommunikationsmöglichkeiten erweitert und damit orts- und zeitunabhängiger.

Kann „Blended Learning" zum Kompetenzgewinn für selbstorganisiertes und selbstgesteuertes Lernen in vielleicht hohem Maß beitragen? Können Lernende mithilfe von Lerntagebüchern oder Lernjournalen besser begleitet und unterstützt werden und hat dies Auswirkungen auf den Lernerfolg, auf das selbstgesteuerte Lernen?

Die vorliegende Arbeit versucht auf solche und ähnliche Fragen Antworten zu finden. Sie beschäftigt sich nach der Klärung von wichtigen Begriffen (Kap. 2) mit den verschiedenen Zugängen zum selbstgesteuerten Lernen und stellt wichtige Modelle dar (Kap. 3). Dabei werden die Bereiche Erwachsenenbildung, Hochschule und berufliche (Weiter-) Bildung bewusst vernachlässigt und nur gestreift, wo es für das Verständnis und für größere Zusammenhänge wichtig erscheint. Sie haben zwar ein enormes Interesse an diesem Thema, weil ein Merkmal in der Aus- und Weiterbildung von Erwachsenen die Freiwilligkeit ist, was eine gewisse Selbststeuerung bedingt. Trotzdem liegt das Hauptaugenmerk dieser Arbeit im schulischen Bereich, und dort v. a. in der Sekundarstufe I, wo Fremdsteuerung im Lernen die Regel ist. Nach der Darlegung tragender Modelle zum selbstgesteuerten Lernen (Kap. 4) wird die Frage nach den erforderlichen oder gewünschten Kompetenzen von Lernenden und Lehrenden aufgegriffen (Kap. 5). In weiterer

---

3 Individualisierung meint das Eingehen auf Stärken und Schwächen, z. B. in Form von Differenzierung (kognitiver Aspekt). Personalisierung meint die persönliche Beziehung zum Individuum (emotionaler und affektiver Aspekt).

Folge wird der Bogen zu ausgewählten offenen Lehr- und Lernformen gespannt und eine Verbindung mit „Blended Learning" hergestellt. Der offene Unterricht ermöglicht den Lernenden, ausgehend von kleineren Bereichen und mit Unterstützung durch die Lehrenden, die Anwendung verschiedener Lernstrategien und Selbststeuerungstechniken. Eine empirische Untersuchung (Kap. 6) beschäftigt sich anschließend mit den Auswirkungen von Lerntagebüchern auf die Anwendung und Verbesserung von Lernstrategien. Mit einem „Pre-Post-Testverfahren" wurde die Anwendung diverser Lernstrategien erhoben. Über drei Monate hinweg haben die Lernenden ein Lerntagebuch in digitaler Form geführt. Sie wurden dabei von ihren Lehrenden in Bezug auf Planung, Durchführung und Bewertung ihrer Lernprozesse in Mathematik unterstützt. Direkte Fragen nach möglichen Veränderungen in den Selbststeuerungsprozessen sollten die Ergebnisse der beiden Fragebögen untermauern.

2 Begrifflichkeiten

Das „selbstbestimmte Lernen" kann – wie allgemeine Nachschlagewerke und die einschlägige Literatur zeigen – als Oberbegriff angesehen werden, der in der Pädagogik nicht einheitlich definiert ist. Dieser Terminus subsumiert Selbstorganisation, Selbststeuerung, Selbstregulation und wird teilweise auch mit selbstständigem Lernen umschrieben (vgl. LANG/PÄTZOLD 2006; KNOLL 2004; DEITERING 1998a; RUSCH 2006; KONRAD 2003).

Lernen setzt voraus, dass sich das Individuum selbst aktiv beteiligt; ansonsten können keine Fähigkeiten und auch kein Wissen daraus erwachsen (vgl. auch KNOLL 2004). Die Selbstbestimmung (-steuerung, -organisation, -verantwortung) geht in ihren pädagogischen Ansätzen auf die verschiedenen Personen in der Reformpädagogik[4] zurück, beispielsweise auf MARIA MONTESSORI (Freiarbeit), CÉLESTIN FREINET (freie Texte, Klassendruckerei), ALEXANDER SUTHERLAND NEILL (Summerhill) oder RUDOLF STEINER (Waldorfschule, Anthroposophie). Sie alle stellen das Kind und seine freie Persönlichkeitsentwicklung in den Mittelpunkt ihrer Überlegungen.

Die 1970er Jahre brachten v. a. in Deutschland und als Folge der sog. 68er-Bewegung bzw. Studentenbewegung unter dem Motto „Selbstorganisation statt Verschulung" die Schlagworte Selbstbestimmung, Selbstverwirklichung, Selbsterfahrung und Selbstorganisation verstärkt in die Pädagogik ein (vgl. SIEBERT 2006). Dies war die Antwort auf ein autoritäres bzw. so empfundenes Bildungssystem mit dem Bestreben, mehr Freiheit und zugleich mehr Selbstverantwortung in die Pädagogik einfließen zu lassen. Die Lernenden sollten ihre Ziele und Inhalte, Lernwege sowie Ort und Zeit selbstständig bestimmen. Aber auch in der Aus- und Weiterbildung in Industrie und Wirtschaft wird diese Art des Lernens seit den 1980er Jahren eingesetzt. Weiterhin hat es Eingang in Organisationsentwicklungskonzepte gefunden.

Zudem gibt es verschiedene lerntheoretische Argumente, die sehr stark für die Eigenaktivität, für das selbstbestimmte Vorgehen und die Selbstorganisation beim Lernen und Wissenserwerb sprechen (vgl. auch STANGL

---

4 Sammelbegriff für pädagogische Strömungen vom Ende des 19. Jh. bis Anfang/Mitte des 20. Jh., die den Fokus auf den Menschen, auf das ganzheitliche, spielerisch-kreative Lernen richten und die bewusste Abkehr von Autorität um ihrer selbst willen proklamieren (s. a. Artikel „Reformpädagogik" in *Wikipedia*).

2007b; BAUMGARTNER/HÄFELE 2002; BAUMGARTNER et al. 2004). Sie basieren vor allem auf einem konstruktivistischen Zugang zum Lernen, welcher „Lernen als aktiven, konstruktiven, kumulativen, selbstgesteuerten und zielorientierten Prozess" vor Augen hat (LANG/PÄTZOLD 2006: 10). Vielfach schwingt bei dem Wortteil „selbst-" unbewusst auch mit, dass es von vornherein positiver sei als das Gegenteil, nämlich „fremd-". Dies muss jedoch laut LANG und PÄTZOLD (2006) kritisch hinterfragt werden, denn: Woraus bezieht Lernen oder allgemein gesprochen eine beliebige Tätigkeit seine/ihre Qualität? Nur aus dem Umstand der Selbsttätigkeit oder aus dem Inhalt bzw. dem Ergebnis – auch wenn der Prozess fremdgesteuert oder angeleitet verlaufen ist? Es gilt auch, den Wunsch nach Anleitung zu respektieren. Vor allem für jüngere Lernende und Lernende mit noch wenig ausgeprägter Kompetenz für das selbstständige Lernen kann eine stärkere Fremdsteuerung recht hilfreich sein, auch für solche mit ungünstigen affektiven und kognitiven Voraussetzungen (vgl. auch GUDJONS 2003; BOEKAERTS 1999). Jüngere Lernende ziehen mehr Nutzen aus Anleitungen samt Erklärung der entsprechenden Gedankengänge („modeling"), ältere sind besser fähig, ihre eigenen Gedanken und Methoden zu formulieren (vgl. ZEIDNER/BOEKAERTS/PINTRICH 2005). (Schulisches) Lernen ist also immer sowohl fremd- als auch selbstgesteuert, oder es passiert überhaupt nicht (vgl. GUDJONS 2003; REINMANN-ROTHMEIER 2003).

2.1   Selbstorganisiertes Lernen (SOL, SoLe)

Der Begriff „Selbstorganisiertes Lernen" leitet sich aus dem Hochschul- und Erwachsenenbildungsbereich ab und wird vermehrt im schulischen Bereich verwendet. Dort meint SOL in der Hauptsache, dass sich Schülerinnen und Schüler innerhalb eines vorgegebenen Arbeits- und Auftragsrahmens selbst organisieren können bzw. sollen. „Schulisches Lernen ist niemals völlig selbstgesteuert", die Steuerung kommt zu einem sehr großen Teil von außen, beispielsweise durch Schulpflicht, Schule, Lehrer, Eltern, Stundenplan und Lehrplan (REINMANN-ROTHMEIER 2003: 11). Aber innerhalb dieser vorgegebenen Strukturen kommt den einzelnen Lernenden nach einer gemäßigt konstruktivistischen Ansicht[5] doch noch ein hoher Anteil an individueller Wissensgenerierung bzw. -konstruktion zu. Und es gilt, dies in entsprechenden Lernabläufen richtig zu organisieren. Dabei bezieht sich die Selbstorganisation auf folgende mögliche Punkte (vgl. auch GREIF/KURTZ 1998; DEITERING 1998a):

a) freie zeitliche Einteilung (wann),
b) freie inhaltliche Einteilung (was),
c) freie Wahl der Sozialform (mit wem),
d) freie Wahl der Örtlichkeit (wo) und
e) freie Materialwahl (wie, womit).

Es gibt jedoch auch gegenteilige Meinungen, die vom Kontext, in welchem Lernprozesse stattfinden, ausgehen. Sie kommen deshalb zum Schluss, dass Selbstorganisationsprozesse vorwiegend im außerschulischen Bereich zu verwirklichen seien, da die Rahmenbedingungen (Institution, Curriculum) der Verwirklichung komplexer und völlig offener Situationen entgegenstünden (LANG/PÄTZOLD 2006). Auch SEMBILL und SEIFRIED (2006) gehen dem Begriff Selbstorganisation in verschiedenen Disziplinen nach und argumentieren, dass er universell anwendbar, offener und weiter gefasst sei als der Begriff Selbststeuerung. In ihrer Lehr-Lern-Konzeption „Selbstorganisiertes Lernen" (SoLe) beschreiben die Autoren dann das SOL als Wieterentwicklung und Ausdifferenzierung von forschendem Lernen, wo es darum gehe, „in projektorientierter Kleingruppenarbeit in eigener Verantwortung über mehrere Unterrichtsstunden hinweg komplexe, praxisnahe, fachspezifisch und curricular zuordenbare Problemstellungen zu bearbeiten" (SEMBILL/SEIFRIED 2006: 100). Dies schließt den Kreis wieder zum Verständnis des Begriffes im schulischen Zusammenhang.

2.2 Selbstgesteuertes Lernen (SGL)

Selbstgesteuertes Lernen als Idealvorstellung wird von DEITERING (1998b) als vermehrte Selbstbestimmung beschrieben – vor allem, was Lernziele und -inhalte, Zeit und Ort, Lernmethoden und -partner sowie selbstständige Kon-

---

5 Siehe dazu die Ausführungen zum Konstruktivismus in Kap. 3.7 und Kap. 3.8.

trolle und Bewertung des Lernerfolgs betrifft.[6] „Selbstgesteuert ist Lernen dann, wenn diese Steuerungskomponenten [Ziele, Operationen und Strategien, Kontrollprozesse, Lernumwelt; Anm. d. V.] vom Lerner selbst erzeugt oder als Möglichkeit ausgedrückt, von der Lernumwelt nicht vollständig determiniert werden" (NEBER 1978: 40). Die Selbststeuerung des Lernprozesses ist insbesondere in der Psychologie eine Frage und meint dort vor allem, wie jemand auf das „System Lernender" Einfluss nehmen kann, damit es sich in einer bestimmten Weise verhält oder ein angestrebtes Ziel erreicht (vgl. BOEKAERTS/PINTRICH/ZEIDNER 2005; ULRICH/PROBST 1991). SCHLOOS (2000) bringt es auf einen einfachen Nenner, wenn er meint, es gehe in der Hauptsache um die Begegnung des Lernenden mit sich selbst, mit dem Lerngegenstand und mit anderen (Lehrenden und Lernenden). In Abgrenzung zum fremdgesteuerten Lernen können nach WEINERT (1982) beim SGL die wesentlichen Entscheidungen, ob, was, wann, wie und woraufhin gelernt wird, von den Lernenden selbst getroffen werden. Sie sind dabei intrinsisch motiviert, erhalten die Aktivitäten durch Selbstbekräftigung aufrecht und lernen und planen bewusst. So gesehen ist SGL immer auch selbstorganisiert. Es wäre eine verkürzte Sichtweise zu glauben, dass SGL nur in speziellen Situationen angebracht wäre, z. B. in einem unstrukturierten Unterricht, bei divergierenden Zielen oder wenn die Anleitungen der Lehrenden unvollständig sind.

Vier zentrale Begriffe tauchen in der vorliegen Arbeit immer wieder auf, sie charakterisieren die Selbststeuerung: Bewusstheit des Denkens, Anwendung von Strategien, Aufrechterhaltung von Motivation und Selbst-Evaluation. SGL ist einerseits Voraussetzung für Unterricht, dann ist es Methode und schließlich noch Ziel des Unterrichts (vgl. WEINERT 1982):

a) Voraussetzung: Jedes Lernen und Verstehen erfordert minimale selbstregulatorische Aktivitäten, wie z. B. dem Vortrag der Lehrenden folgen, einen Text einprägen, eine Aufgabe lösen, Informationen vergleichen, verknüpfen, zusammenfassen usw.

b) Methode: Die Lernenden haben Einfluss auf Lernziele, -inhalte, Zeiten und Methoden. Nicht für alle Lernenden ist SGL als Methode gleich effektiv, da die erforderlichen Kompetenzen erst nach und nach und unter Anleitung angeeignet werden müssen.

---

6 Dazu zitiert DEITERING (1998b: 155) wörtlich NEBER (1978: 22); dieses wörtliche Zitat findet sich zigfach in der Literatur zum SGL wieder – aber die Quelle stimmt leider nicht!

c) Ziel: Denkstrategien, Problemlösefähigkeit, Metakognition und SGL
     werden zum Ziel von Unterricht, da diese „skills" im Berufsleben und für
     das lebenslange Lernen (LLL) immer stärker gefragt sind.

2.3   Selbstreguliertes Lernen (SRL)

Die Selbstregulation hat ein Regulierungs- und Kontrollsystem vor Augen, in
dem eine Ziel- oder Verhaltensabweichung, z. B. aufgrund einer Rückkoppelung, zu einer entsprechenden Regulierung führt – zum Zwecke der Zielerreichung (vgl. beispielsweise CARVER/SCHEIER2005; SHAPIRO/SCHWARTZ
2005; SEMBILL/SEIFRIED 2006; ULRICH/PROBST 1991). Da dies beim Lernen
einem Wiederholungsprozess unterliegt und das Lernziel nach einer Bewer-
tungsphase immer wieder angepasst oder erweitert wird, ist eine klare Abgrenzung zur Selbststeuerung nicht möglich.

> Selbstreguliertes Lernen ist eine Form des Lernens, bei der die Person in Ab-
> hängigkeit von der Art ihrer Lernmotivation selbstbestimmt eine oder mehrere
> Steuerungsmaßnahmen (kognitiver, metakognitiver, volitionaler oder verhal-
> tensmäßiger Art) ergreift und den Fortgang des Lernprozesses selbst überwacht.
> (SCHIEFELE/PEKRUN 1996: 258)

Regelung im Sinne einer fortlaufenden Rückkoppelung trägt so zur Steuerung des Lernprozesses im größeren Rahmen und unter zusätzlichen äußeren
Einflüssen bei. Deshalb eignet sich vielleicht der Begriff des SGL (s. o.) am
besten als synonymer Begriff sowohl für das SRL als auch für das englische
„Self-regulated learning" (s. u.) und wird in dieser Arbeit auch so verwendet.

2.4   „Self-directed Learning" und
         „Self-regulated Learning"

Populär wurden die Bergriffe „Self-directed Learning" und „Self-regulated
Learning" in den 1980er Jahren mit der Betonung von Autonomie und Ver-
antwortung des eigenen Lernens (vgl. auch CORREIA/LENCASTRE 2005). Die
Primär- und Forschungsliteratur kommt durchwegs aus dem amerikanischen
Raum, was bedeutet, dass dort schon länger (nämlich seit den 1970er Jahren)

an der Selbststeuerung des Lernens geforscht wird, zuerst hauptsächlich in der Erwachsenen- und Berufsbildung. Im englischsprachigen Bereich werden allerdings in der Hauptsache zwei Begriffe verwendet: „self-directed" und „self-regulated". „Self-direction" kann man vielleicht am besten mit dem Bild des Autodidakten verdeutlichen, wobei der Begriff hauptsächlich in der Erwachsenenbildung verwendet wird. Hingegen findet sich „Self-regulation" vorrangig in der Psychologie und kann eher durch eine Strategiesammlung verdeutlicht werden, die sich aus den Komponenten Kognition[7], Metakognition[8], Emotion und Motivation zusammensetzt.

Der Schwerpunkt der früheren Forschungen lag dabei auf der metakognitiven Ebene, auch deshalb, weil sie leichter fassbar ist (s. ausführliche Beschreibung in Kap. 3). ZIMMERMAN (1989: 22) beschreibt „self-regulated learning": "theories of self-regulation place their focus on *how* students activate, alter, and sustain specific learning practises" und kommt dann zum Schluss: "These theorists believe that learning is not something that happens *to* students; it is something that happens *by* students." Fünfzehn Jahre später definiert er Selbststeuerung so: "Self-regulation refers to self-generated thoughts, feelings, and actions that are planned and cyclically adapted to the attainment of personal goals" (ZIMMERMAN 2005: 14). Regulation bedeutet Anpassung von Kognition, Affekt, Verhalten oder Aufmerksamkeit durch bewusste oder automatisierte Verwendung von spezifischen Mechanismen und unterstützenden metakognitiven Kompetenzen (UNDERWOOD/BANYARD 2005). Wenige Wissenschaftler (z. B. RHEINBERG/VOLLMEYER/ROLLETT 2005) nennen nur jenes Lernen selbstgesteuert, welches nicht unter der Kontrolle von Helfenden, Lehrenden, Eltern oder Tutoren steht. Die klare Abgrenzung der Begriffe „self-regulation", „self-management", „metacognition", „coping", „regulation of the self" und „regulation" fehlt bis dato (vgl. ZEIDNER et al. 2005).

---

7 Cognitio – lat. das Erkennen, die Bekanntschaft; Kognition ist ein Sammelbegriff für Prozesse, die mit der verstandesmäßigen Erkenntnis in Zusammenhang stehen: denken, wahrnehmen, vorstellen, erinnern, schlussfolgern etc.

8 Metakognition bedeutet die Beschäftigung mit den eigenen kognitiven (geistig-mentalen) Prozessen, das sind beispielsweise Gedanken, Meinungen und Einstellungen. Nach REINMANN (2005: 50) besagt Metakognition die Fähigkeit, „a) das eigene Wissen zu kennen, b) über das eigene Denken nachzudenken, c) sich bei der Lösung von Problemen selbst zu beobachten und zu kontrollieren und d) notwendige Prozesse wie auch Hilfsmittel beim Lernen effektiv zu organisieren."

2.5 Blended Learning (BL)

BL beschreibt die Vermischung von traditionellem Lernen und Lernen mit den sog. neuen Medien[9] und stellt eine Sonderform des E-Learning dar. Nach dem Internet-Hype im ausgehenden 20. Jh., wo E-Learning alles versprach (und für elektronisch unterstütztes Lernen generell stand), schlug das Pendel wieder etwas in die Gegenrichtung. E-Learning gilt heute eher als Überbegriff für Lernen mit digitalen Medien, meist also computergestützt und via Internet (vgl. auch REINMANN 2005). Vielleicht setzt sich der Begriff softwareunterstützt durch, weil das Endgerät zukünftig kaum mehr eine Rolle spielen wird? Unter BL oder hybridem Lernen, wie es manchmal genannt wird, versteht man gemeinhin gemischtes Lernen. Dabei meint „blended" aber nicht wie bei Whisky, Wein oder Tee etwas Minderwertiges, sondern den besten Medien- und Methodenmix aus Präsenzunterricht und softwareunterstütztem Unterricht.

Die Palette reicht von SOL mit Online- und Offline-Informationen über angeleitetes Lernen (beispielsweise auch durch Interaktion mit technischen Systemen) bis zu sozialem und problembezogenem Lernen in virtuellen oder realen Gruppen. Auch die Instruktionen können virtuelle oder „Face-to-face"-Elemente beinhalten – immer flexibel am Lernenden, seinen Voraussetzungen und Zielen orientiert sowie domänenspezifisch und entsprechend den Rahmenbedingungen (vgl. REINMANN-ROTHMEIER/VOHLE 2003; BAUMGARTNER/HÄFELE 2002). Die Kombination von Präsenz- und Online-Lernen verändert die Rollen zwischen Lehrenden und Lernenden und führt zu verstärkter Lernerzentriertheit, was wiederum den Lernprozess beeinflusst. Die Vorteile von E-Learning auf den Stufen Distribution – Interaktion/Kommunikation – Kollaboration bringen eine Erweiterung und Vertiefung des Lernens im Hinblick auf Flexibilisierung in Zeitpunkt und -dauer, auf verwendete Medien oder auch eingesetzte Methoden. Die Entwicklungen in der Lernforschung und auf dem Gebiet der neuen Technologien zeigen klare Synergien auf:

---

9 Wie lange sind Medien neu? Sind Computer und Internet wirklich noch neue Medien oder nicht vielmehr schon seit ca. 15 Jahren nicht mehr aus den Schulen wegzudenken? Der Begriff ist demnach wohl als Kollektivum zu verstehen, das dem Wandel der Zeit unterworfen ist.

As learning becomes more individualised, learner-centred, situated, collabora-
tive, ubiquitous, and extends across the life-span, new technologies are becoming more personalised, user-centred, mobile, networked, ubiquitous, and du-
rable thus setting the stage for a successful but challenging technology led
learning environments. (UNDERWOOD 2005: 57)

2.6   Selbstwirksamkeitskonzept („Self-Efficacy")

Jeder Mensch hat persönliche Wahrnehmungen und Einschätzungen im Hinblick auf seine eigenen Fähigkeiten bzw. Ressourcen. Diese Kompetenzein-
schätzungen haben großen Einfluss auf das Denken, Fühlen und letztlich
auch auf das Tun. Dieser Abschnitt erfordert eine ausführliche Behandlung,
weil das Selbstwirksamkeitskonzept eine Schlüsselposition bei der Selbststeuerung einnimmt und neben den verschiedenen „key processes" (Kognition, Metakognition, Affekt, Motivation, Volition) den Unterschied zwischen
einem erfolgreichen und einem erfolglosen Lerner in Bezug auf die Selbststeuerung erklären kann (vgl. auch ZEIDNER et al. 2005).

FUCHS (2005: 17) nähert sich dem Konzept der Selbstwirksamkeit von
BANDURA[10] einerseits alltagssprachlich und kommt zur Deutung: „Wer wirk-
sam ist, bewirkt auch etwas." Dies kann schaffend sein durch eigenes Tun
oder durch geistige Tätigkeit. Andererseits geht sie den englischen Worten
„self" und „efficacy" nach und arbeitet den innewohnenden Zielcharakter
heraus, das Wollen: „Volitionen bezeichnen jene Mechanismen, die vom
Willen bestimmt sind, so zum Beispiel auch Wünsche" (FUCHS 2005: 18).

BANDURA (1995a: 2) erläutert „Self-Efficacy" mit "Perceived self-efficacy refers to beliefs in one's capabilities to organize and execute the courses
of action required to manage prospective situations" bzw. "required to pro-
duce given attainments" (BANDURA 1997: 3). Abbildung 1 veranschaulicht
treffend diese Begriffsdefinition von BANDURA.

---

10 ALBERT BANDURA, ein kanadischer Psychologe, ist der Begründer des Selbst-
wirksamkeitskonzepts. Er kommt aus der behavioristischen Tradition, wobei er seinen
Schwerpunkt von der klinischen Psychologie hin zur Lernpsychologie veränderte.
BANDURA ist führend auf dem Gebiet des Beobachtungslernens; die am meisten ver-
breitete Theorie des Modell-Lernens ist seine sozial-kognitive Theorie (social cognitive theory) (vgl. auch Artikel „Albert Bandura" in *Wikipedia*).

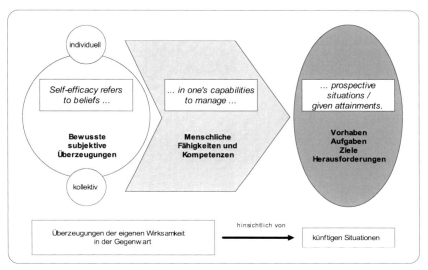

Abb. 1 BANDURAs Begriffsdefinition von Self-Efficacy (FUCHS 2005: 19)

Im Sinne von BANDURAs Selbstwirksamkeitskonzept kann die subjektive Überzeugung oder der feste Glaube (auch einer Gruppe) an die eigenen Fähigkeiten in der Gegenwart dazu führen, dass zukünftige Situationen besser gemeistert werden. Beispielsweise kann das Vertrauen in die eigenen gegenwärtigen Mathematikkenntnisse bezüglich der zukünftigen Überprüfungssituation dazu führen, dass der oder die Betreffende dann wirklich besser abschneidet. Jemand, der an seinen Fähigkeiten zweifelt, in der Stoßzeit als Autofahrer die Verkehrssituationen bei der Stadtdurchquerung gut meistern zu können, wird dies aufgrund seiner persönlichen Überzeugung tatsächlich weniger kompetent absolvieren (vgl. BANDURA 1997). FUCHS (2005) führt auch aus, dass ein Mensch, der etwas selber tun will und dies dann auch in die Tat umsetzt, auf mindestens drei Ebenen Kontrolle ausübt. Er hat die Kontrolle über die Sache, die eingesetzten eigenen Fähigkeiten und Fertigkeiten sowie über den Willen. Dabei stehe aber nicht unbedingt die Kontrolle im Mittelpunkt, sondern die Überzeugung bezüglich der eigenen Wirksamkeit. Dieser Glaube an die eigene Wirksamkeit entsteht aus individuellen Erfahrungen und diese aus Wahrnehmungen, wobei die mentalen Prozesse letztlich nicht genau erklärbar seien. Die Informationen über ihre Selbstwirksamkeit erhalten die Lernenden u. a. auch von ihrer Durchführung und Effizienz einer Handlung, von Modellerfahrungen (vgl. Abschnitt Modelllernen auf S. 41) und sozialen Vergleichen mit den Handlungen anderer, von

verschiedenen Formen der Überzeugung durch Lehrende, Eltern und andere
Menschen und von physiologischen Reaktionen wie Herzklopfen, Schweiß,
Angst usw. (vgl. SCHUNK/ERTMER 2005). BANDURA selbst (1997) betont die
Eigenständigkeit des Konzeptes der Selbstwirksamkeit in Abgrenzung zu
„Self-Concept" (Selbstkonzept, globales Bild von sich selbst) und „Self-
Esteem" (Selbstwert).

Er fasst die Ergebnisse 30-jähriger Selbstwirksamkeitsforschung mit Bezug auf lernpsychologische Erkenntnisse in vier zentralen Prozessen zusammen (vgl. BANDURA 1997; FUCHS 2005):

a) kognitive Prozesse – hoher Selbstwirksamkeitsglaube stärkt das „Ich",
    fördert das Verantwortungsbewusstsein und steigert die Handlungs-
    qualität;
b) motivationale Prozesse – großer Selbstwirksamkeitsglaube fördert das
    Vertrauen in die eigenen Fähigkeiten und stärkt das Durchhaltevermö-
    gen;
c) affektive Prozesse – hohe Einschätzung der Selbstwirksamkeit soll Stres-
    soren vermindern;
d) selektive Prozesse – Selbstwirksamkeitseinschätzungen nehmen Einfluss
    auf den Lebenslauf.

Im schulischen Kontext weist BANDURA (1997) nach, dass ein hoher Selbstwirksamkeitsglaube die Selbststeuerung von Lernenden auf allen Ebenen
positiv beeinflusst und in weiterer Folge für die Schullaufbahnwahl mitver-
antwortlich ist. Er hält fest, dass sich hohe Selbstwirksamkeitsüberzeugungen
positiv auf intrinsische Interessen, kognitive und metakognitive Fähigkeiten
auswirken. Interessant ist auch, wie er den Zusammenhang zwischen individuellen und kollektiven Selbstwirksamkeitsüberzeugungen von Lehrenden
auf die kognitive Entwicklung von Lernenden aufdeckt: Lehrende, die über-
zeugt sind, förderliche Bedingungen für ihre Lernenden zu schaffen, verwenden mehr Zeit und Engagement darauf, ihre Lernenden auch unter
erschwerten Bedingungen zu unterstützen, als Lehrende, die daran zweifeln,
ob sich ihr Einsatz auch lohnt (vgl. BANDURA 1997; FUCHS 2005).[11] Beim
Übereinanderlegen der Definitionen von Selbstwirksamkeit und Lernen
ergibt sich für FUCHS (2005: 91): „Selbstwirksam Lernen bezeichnet ein
individuell sinn- und bedeutungsvolles Lernen, das sich auszeichnet durch

---

11 BANDURA begründet dies mit dem „Time-on-Task"-Prinzip: "The less time spent on
   academic instruction, the lower the students' academic progress" (BANDURA 1997:
   241).

das bewusste, selbst verursachte Gelingen eines herausfordernden Lernvor-
habens."

Die Selbstwirksamkeitsforscher SCHUNK und ZIMMERMAN haben das
Konzept der Selbstwirksamkeit aus den USA nach Europa gebracht. FUCHS
(2005) zeichnet aber ein eher ärmliches Bild, was die Erforschung des
Selbstwirksamkeitskonzeptes im pädagogischen Umfeld betrifft. Im deutsch-
sprachigen Raum sei es vor allem von RALF SCHWARZER (Institut für
Psychologie, Freie Universität Berlin) im Bereich der Gesundheitserziehung
verbreitet worden. Einen weiteren Aufschwung brachte der Modellversuch
„Verbund Selbstwirksamer Schulen".[12] Auch der Name MATTHIAS JERUSA-
LEM (Pädagogische Psychologie und Gesundheitspsychologie, Humboldt-
Universität Berlin) taucht bei deutschsprachigen Recherchen zum Thema
Selbstwirksamkeit immer wieder auf.

2.7   Lernstrategien-Inventare

Dieser Abschnitt behandelt relativ ausführlich den Bereich der Lernstrategien, deren Messung und Probleme – auch im Hinblick auf ihre Aussagekraft. Es legt sozusagen die Grundlagen für den empirischen Teil der Arbeit
(s. Kap. 6). Es wird argumentiert, dass mit Fragebögen und v. a. auch durch
die Eingrenzung auf Lernstrategien nur ein eingeschränktes Bild von SGL
entsteht. Es kann nur erfasst werden, welche Voraussetzungen die Lernenden
dafür besitzen. Im Zusammenhang mit den Lernstrategien wurde in den
letzten Jahren erkannt, wie wichtig die Zielsetzung durch die Lernenden ist.
Die Lernenden müssen prüfen, warum sie überhaupt in die Schule gehen, sie
müssen sich ihre Ziele bewusst machen und den Willen haben, die Strategien
einzusetzen. Die Art der Ziele beeinflusst die Wahl der Strategien erheblich –

---

12 1995 startete ein dreijähriger Modellversuch der BLK (Bund-Länder-Kommission für
   Bildungsplanung und Forschungsförderung, Deutschland), zusätzlich gefördert von
   der Johann-Jacobs-Stiftung und der Freudenberg Stiftung, mit dem Ziel der Umsetzung der Selbstwirksamkeitstheorie in Schulen. Zehn Schulen (Sekundarstufe)
   nahmen daran teil. Nach Auslaufen des Projektes entschloss sich dieser Schulverbund
   1999 aufgrund der wertvollen Ergebnisse, die Arbeit fortzuführen und den „Verbund
   Selbstwirksamer Schulen e.V." zu gründen (vgl. auch SCHOBBE o. J.).

"strategies are simply tools used in the service of goals" (WEINSTEIN et al. 2005: 741).

Lernstrategien sind systematische Pläne, um die Informationsverarbeitung und Aufgabenerledigung zu verbessern (vgl. auch SCHUNK 1989a). Sie beinhalten kognitive, metakognitive, motivationale und volitionale Aspekte, die mit dem SGL in Zusammenhang stehen. Um das selbstgesteuerte Lernen zu erfassen, gibt es gängige Fragebogen-Inventare, beispielsweise LASSI (Learning and Study Strategies Inventory; WEINSTEIN/PALMER 2002). In Zusammenarbeit mit WEINSTEIN und PALMER hat METZGER den WLI-Fragebogen (Wie lerne ich; METZGER/WEINSTEIN/PALMER 2004) in zwei Ausführungen (Schule und Hochschule) entwickelt. Bekannt sind ebenso MSLQ (Motivated Strategies for Learning Questionnaire; PINTRICH et al. 1991) sowie KSI (Kieler LernStrategien-Inventar; HEYN/BAUMERT/KÖLLER 1994). Sehr verbreitet ist LIST (Inventar zur Erfassung von Lernstrategien im Studium; WILD/SCHIEFELE/WINTELER o. J.) und interessant ist auch der PLT-Fragebogen (Paderborner Lerntableau 2005; DILGER/RICKES/SLOANE o. J.).

Der Einsatz von kognitiven Lernstrategien schließt die Absicht von Lernenden mit ein, Informationen durch Prozesse der Wiederholung, Ausarbeitung oder Reorganisation in ihrem Gedächtnis zu speichern, sodass sie auch abrufbar sind. Zusätzlich sind sie zielorientiert, anstrengend und werden vorsätzlich aufgerufen. Umfangreiches „Monitoring" und affektive bzw. motivationale Strategien runden das komplexe Gebiet ab (vgl. WEINSTEIN et al. 2005). Das primäre Ziel bei der Instruktion von Lernstrategien ist selbstverständlich, dass die Lernenden gute Anwender der Strategien werden – im Hinblick auf deklaratives, prozedurales und konditionales Wissen.

"In reality, self-regulated learning is an immensely complex process that takes shape in the context of the students' interaction with different learning environments" (BOEKAERTS/ROZENDAAL 2006: 67 f.). Die Erfassung des selbstgesteuerten Lernens ist auch für LANG und PÄTZOLD (2006) aus verschiedenen Gründen schwierig: SGL sei ein komplexes Konstrukt und bedürfe prozessorientierter Diagnostik (kognitive, metakognitive, motivationale, volitionale Komponenten). Die Frage ist auch, worin sich die Fähigkeit und die Bereitschaft zum selbstgesteuerten Lernen zeigen – am ehesten in der sog. Performanz, in der erfolgreichen Bewältigung eines konkreten Problems. Dabei kann aber wieder nicht unterschieden werden, ob es sich um den bewussten Einsatz von Strategien handelt oder um „tacit knowledge", also um eine stille Anwendung. Es ist weiter nicht wunderlich, dass Lernende versagen, wenn sie auf Abruf Lern- und Selbstmanagementstrategien anwenden sollen – so argumentieren RANDI und CORNO (2005). Meistens sind die Lernenden schlecht vorbereitet oder zu wenig eingestellt, um gegebene Gelegenheiten zur Selbststeuerung überhaupt wahrzunehmen.

Der Einsatz eines Fragebogens setzt voraus, dass die Lernenden ein „elaboriertes deklaratives und prozedurales Metagedächtnis zur Abstraktion der eigenen Lernaktivitäten" haben (LANG/PÄTZOLD 2006: 25). Dies kann aber in der Regel nicht vorausgesetzt werden. In weiterer Folge muss ein zeitliches Naheverhältnis zwischen Befragung und Lernprozess bestehen, was die Aussagekraft der Reflexion erhöht. Und die Prozesse des Lernstrategie-Einsatzes müssen bewusst sein (ebd.). Die eingesetzten Strategien sind bekanntermaßen von der konkreten Anwendungssituation abhängig (vgl. auch BOEKAERTS/ROZENDAAL 2006), was aber in den Fragebögen normalerweise nicht berücksichtigt wird. Selbststeuerung hat neben quantitativen vor allem auch qualitative Aspekte. Es geht nicht nur darum, welche Prozesse wie oft eingesetzt werden, sondern vor allem auch darum, wie gut die Strategien angewandt werden. Markenzeichen der Selbststeuerung sind Wahlfreiheit und Kontrolle. Ohne verschiedene Optionen zur Auswahl zu haben und ohne essentielle Dimensionen des Lernens beeinflussen zu können, gelingt Lernenden keine Selbststeuerung (vgl. SCHUNK/ERTMER 2005).

Schlussendlich kommen noch „normale" Umfrageprobleme wie soziale Erwünschtheit dazu. Die Quintessenz der Überlegungen von LANG und PÄTZOLD (2006) ist, dass mit einem Fragebogen-Inventar nicht selbstgesteuertes Lernen erfasst werden kann, sondern nur, inwieweit die Lernenden Voraussetzungen dafür besitzen, inwieweit das Wissen über Lernstrategien, bevorzugte Strategien, generelle Präferenzen und relative Stärken und Schwächen vorhanden ist. Als weiteres Fazit schlagen LANG und PÄTZOLD (ebd.) vor: Entwicklung neuer domänenspezifischer und kontextsensitiver Untersuchungsmethoden sowie Einsatz von neuen Diagnoseinstrumenten, wie z. B. Methode des lauten Denkens, retrospektiver Selbstbericht, Methode des „stimulated recall"[13], Lerntagebuch, Portfolio oder „Traces-of-mental-events"-Methode[14] (vgl. BOEKAERTS/CORNO 2005). Dagegen ist nicht viel

---

13 In dieser speziellen Form eines Interviews wird ein Betroffener vertiefend befragt und kommentiert dabei anhand einer auf Video aufgezeichneten Lernsequenz.

14 (Computergestützte) Aufzeichnungen verdeutlichen die angewandten Strategien bei der Lösung umfangreicher Probleme. Das Explizieren kognitiver und volitionaler Strategien soll Spuren zeigen, wo Benutzer länger verweilt haben, etwas markiert haben, zurückgescrollt haben etc.

einzuwenden – außer, dass im schulischen Umfeld die Handhabbarkeit eine Rolle spielt und deshalb die Fragebogen-Inventare bis heute eingesetzt werden.

Jede Messmethode stellt eine Intervention im Messumfeld dar, und jedes Messen von SGL reflektiert eine Modellvorstellung desselben. WINNE und PERRY (2005) weisen auf den Unterschied hin: Lernen als Geschick oder Neigung (Voraussetzung) und Lernen als Begebenheit oder Erscheinung (Ziel). Wenn man – so wie in der vorliegenden Arbeit – SGL eher als Fähigkeit ansieht, ergibt sich bei den meisten Modellen der Selbststeuerung die Abfolge, die es zu trainieren, zu verbessern oder zu messen gilt: Aufgabenidentifizierung → Zielsetzung und Planung der Erreichung → Strategieanwendung → Metakognitionsangleichung. Das metakognitive „Monitoring" ist dabei der Schlüssel zum SGL, ohne das es keine Standards oder Vergleichswerte gibt, die wiederum für eine Regulation zwingende Voraussetzung sind.

Neben dem weit verbreiteten Einsatz von Fragebögen zur Erfassung des SGL existieren noch andere Formen im Bereich Selbstbericht und Fremdbericht – mit ihren Vor- und Nachteilen. An Protokollen zum Messen der Selbststeuerung beim Lernen gibt es WINNE und PERRY (2005) folgend:

a) Selbstreport-Fragebögen wie die oben erwähnten, z. B. LASSI (WEINSTEIN/PALMER 2002) oder MSLQ (PINTRICH et al. 1991);

b) strukturierte Interviews mit Klassifizierung nach auftauchenden Kategorien oder theoriegeleitet;

c) Lehrerbeurteilungen, wobei die Zuverlässigkeit manchmal fraglich und abhängig von klaren Fragestellungen ist;

d) Methode des „lauten Denkens" – Lernende berichten über Gedanken und kognitive Prozesse;

e) Aufgaben zur Fehlerentdeckung – zur Messung des „Monitorings" werden absichtlich Fehler in den Lernmaterialien eingebaut, die entweder nicht entdeckt werden – oder wenn doch, dann ist die Reaktion der Lernenden von Interesse;

f) „Spuren-Methode", das sind beobachtbare Indikatoren wie Unterstreichen, Notizen machen usw.;

g) Beobachtung bei der Durchführung.

Dabei betrachten die ersten drei Messmethoden SGL eher als Fähigkeit (Ausstattung) und die restlichen vier als Ereignis. Interviews zum Lernverhalten beinhalten viele Fallstricke (Kausaltheorien, Intervall, Automatisierung, verbale Kompetenz, Unsicherheit, Motivation). Die Methode des lauten Denkens hat den Vorteil, dass die Verbalisierung zeitnah oder nahezu parallel zu den gedanklichen Abläufen stattfindet – aber den Nachteil, dass der kognitive und metakognitive Prozess unterbrochen wird. Die Stärke der Beobachtung als Messmethode liegt einerseits darin, dass sie – wie die „Trace"-Methoden – das reflektieren, was jemand tut; nicht das zählt, was jemand glaubt zu tun oder sich erinnert, getan zu haben. Andererseits können Verbindungen zwischen Lernerverhalten und Aufgabenbedingungen hergestellt werden (vgl. WINNE/PERRY 2005).

Lerntagebücher (vgl. Kap. 5.2.6) sind ein relativ junges Verfahren, um strategisches Handeln zu erfassen, wobei die Motivation zur Führung, die Schreibkompetenz, die individuell völlig unterschiedlichen Lernzeiten und die Reaktivität (Lerntagebücher nicht nur als Erhebungsmethode, sondern auch als metakognitive Lernhilfe) berücksichtigt werden müssen (vgl. SPÖRER/BRUNSTEIN 2006).

Als Vorlage für den verwendeten Fragebogen diente WLI-Schule (METZGER/WEINSTEIN/PALMER 2004), deshalb sei das Lernstrategienmodell bzw. seine Einbettung in das SGL genauer dargelegt (s. Abb. 2).

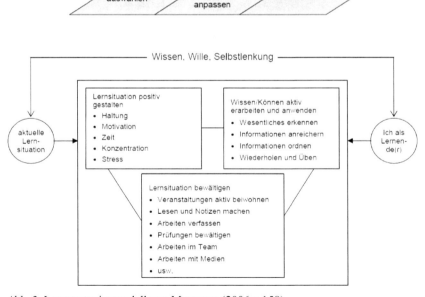

Abb. 2 Lernstrategienmodell von METZGER (2006a: 158)

Im Zentrum stehen die Lernstrategien, die wechselseitig in Beziehung stehen. Sie können dem Lernenden in diversen Lernsituationen Hilfe bieten, sie dürfen aber nicht schematisch verstanden werden. Die Lernenden müssen demnach – wie des Öfteren erwähnt wird – situationsabhängig einschätzen, welche Strategie von ihnen gewählt und wie angewendet wird. Genügend deklaratives, prozedurales und konditionales Wissen über Lernstrategien ist Voraussetzung dafür sowie der aufgebrachte Wille, diese Strategien auch einzusetzen und damit den Lernprozess zu lenken.

Die Kritik an den Lernstrategien-Inventaren betrifft vor allem die Tatsache, dass das Wissen um Lernstrategien noch nichts darüber aussagt, ob und wie die Strategien eingesetzt werden. Zusätzlich handelt es sich um eine retrospektive Sicht, welche ausgeprägte Reflexionsfähigkeiten der Lernenden voraussetzt, wenn sie denn zuverlässige Antworten liefern soll. Schlussendlich wird die Lernsituation zu wenig berücksichtigt, also unterstellt, dass dieselben Strategien in allen Fächern und Prüfungssituationen Sinn machen (vgl. auch METZGER 2006a; SPÖRER/BRUNSTEIN 2006).

Es drängt sich noch die Frage auf, wie sinnvoll ein Training von Lernstrategien ist. So meinen LANG und PÄTZOLD:

> Ein Lernstrategietraining ist nur dann wirksam, wenn es in Abstimmung auf einen authentischen Nutzungs- und Anwendungskontext erfolgt und ein hoher Grad an Lernaktivität und metakognitivem Bewusstsein gefördert wird. (…) Ebenso ist es erforderlich, dass geeignete motivationale Voraussetzungen geschaffen und aufrecht erhalten werden und dass neben deklarativem auch prozedurales und konditionales Strategiewissen erzeugt wird, den Lernenden also klar wird, wie, wann und warum eine Strategie ausgeführt wird. (LANG/PÄTZOLD 2006: 23)

Die direkte Instruktion (Schulung von Lernstrategien) birgt demnach die Gefahr der Einseitigkeit und der Fokussierung auf deklaratives Wissen. In diesem Zusammenhang stellt sich die Frage, ob ein Lernstrategietraining auch erfolgreich ist, wenn den Lernenden bewusst wird, dass sie ihre vorhandenen Strategien verändern müssen. Daneben existiert der indirekte Ansatz, wo versucht wird, durch die Gestaltung der Lernumgebung selbstgesteuertes Lernen zu ermöglichen. Bei der Gestaltung von Lernumgebungen unter Berücksichtigung selbstgesteuerten Lernens scheinen BL-Konzepte gute Dienste zu leisten. Die freie Wahl des Lernpfades inkl. Tempo, Zeit, Ort (vgl. SOL, S. 16; BL, S. 21) ermöglicht und fordert Selbststeuerung, allerdings warnen LANG und PÄTZOLD (2006) vor der Gefahr der Überforderung wegen kognitiver Überlastung oder Desorientierung. Auch hier wird die Crux

deutlich, nämlich dass Selbststeuerung einerseits Voraussetzung und andererseits Methode und Ziel ist (vgl. auch BOEKAERTS/ROZENDAAL 2006; REIN-
MANN-ROTHMEIER 2003). Um in solchen offenen Lernumgebungen zu „bestehen", müssen die Lernenden langsam und schrittweise an die Selbststeuerungsprozesse herangeführt werden, sie müssen hineinwachsen können,
indem ihnen mehr und mehr Verantwortung über ihre Lernfortschritte übertragen wird. Am besten scheinen dafür Konzepte des „Scaffolding" (vgl.
S. 59) geeignet, wo die Anleitung mehr und mehr zugunsten von Coaching
zurückgenommen wird. Direkte Reflexion und metakognitive Diskussionen
sind weitere Möglichkeiten, reflektive Analysen des Lernprozesses indirekt
zu fördern (CORREIA/LENCASTRE 2005).

2.8 Zusammenfassung

Im Kapitel Begrifflichkeiten wurde dem selbstbestimmten Lernen als Oberbegriff nachgegangen und eine Abgrenzung der verschiedenen Begriffe
(„self-regulated", „self-directed", selbstgesteuert, selbstreguliert, selbstorganisiert) vorgenommen. Lernen ist kaum völlig fremdgesteuert, sondern
immer mit einem eigenen Anteil an Aufmerksamkeit, Überwindung und
Lenkung verbunden. Ebenso wenig ist Lernen kaum zur Gänze selbstgesteuert. Lernmaterial und -unterlagen sowie das Lernumfeld üben immer
einen Einfluss auf die Lernenden aus. Im schulischen Umfeld bedeutet SGL,
dass die Lernenden auf die Ziele, Lernhandlungen, Strategien und Kontrollprozesse sowie auf die Lernumwelt mehr oder weniger Einfluss nehmen
können.

BL als bester Methodenmix aus Präsenzlernen und virtuellem Lernen
durch Softwareunterstützung verändert das Rollenverständnis von Lehrenden
in Richtung vermehrtes Coaching. Die Vorteile von E-Learning führen zu
verstärkter Lernerzentriertheit. Dies deckt sich mit den Rollenauffassungen
beim SGL.

Das Selbstwirksamkeitskonzept beleuchtet die umfangreichen Ursache-
Wirkungs-Zusammenhänge des menschlichen Handelns. Durch die der
Haltung innewohnenden Annahmen werden Aufgabenwahl, Anstrengungs-
bereitschaft, Durchhaltevermögen etc. beeinflusst. Das „KONZEPT" (FUCHS

2005) fließt in die sozial-kognitive Blickrichtung auf SGL ziemlich stark ein (vgl. Kap. 3.3).

Die Recherche nach Fragebögen zum SGL und alternativen Erhebungsinstrumenten bildet den Abschluss dieses Kapitels. Es zeigt sich, dass die Erfassung von SGL relativ schwierig ist, da die Selbststeuerung ein sehr komplexes Konstrukt darstellt. Der zeitliche Abstand zwischen Anwendung einer Lernstrategie und der Befragung dazu sowie die Situationsbezogenheit stellen Problemzonen dar. Ebenso sagt das Wissen um diverse Lernstrategien noch nichts über deren Anwendung aus. Die Abstraktion der eigenen Lernaktivitäten gelingt vielen – v. a. Jugendlichen – noch nicht. Eine Schulung von Lernstrategien ist dann am sinnvollsten, wenn sie einen Nutzungs- und Anwendungskontext hat und indirekt erfolgt, wobei in dieser Hinsicht BL ein großes Potenzial aufweist.

3   Perspektiven des SGL/SRL

In diesem Kapitel werden die zahlreichen unterschiedlichen theoretischen Blickrichtungen auf „self-regulated learning" samt den darunter liegenden Prozessen näher beleuchtet. Die klassischen Theorien sind von philosophischen bzw. psychologischen Strömungen geprägt, die – zum besseren Verständnis – kurz ausgeführt werden. Dabei handelt es sich im Großen und Ganzen um die

- operante,
- phänomenologische,
- sozial-kognitive,
- informationsverarbeitende,
- volitionale,
- systemtheoretische,
- WYGOTSKIsche bzw. sozial-konstruktivistische und
- kognitiv-konstruktivistische

Perspektive der Selbststeuerung. Bei der Definition von „Self-Regulation" ist allen angeführten Ansichten gemeinsam:

a)   der zielgerichtete Gebrauch von spezifischen Prozessen und Strategien, um die Lernleistungen zu verbessern,

b)   selbst-orientierte Feedbackschleifen während des Lernens und

c)   die Beschreibung, wie und warum bestimmte Strategien der Selbststeuerung verwendet werden.

Bei der Suche nach einer viablen[15] Definition stellen sich alle Theorierichtungen die Frage, warum Lernende die Selbststeuerung nicht quasi als ihr Ausstattungsmerkmal bei allen Lernprozessen, sondern immer nur zeitlich begrenzt als bestimmte Strategie verwenden, sie also immer wieder initiieren müssen – „regulate proactively", wie es bei ZIMMERMAN heißt (1989: 5). Ein weiteres gemeinsames Merkmal aller Annäherungen an das selbstgesteuerte

---

15 Via – lat. Weg, Straße; „Viabilität" – „Gangbarkeit". Der Begriff entstammt dem radikalen Konstruktivismus (s. dazu S. 57) um ERNST VON GLASERSFELD und bedeutet soviel wie brauchbar, passend (zum benützten Zweck). „Das Merkmal der Viabilität verleiht man dann, wenn eine Handlung erfolgreich ist, wenn sich Lösungen in der Erfahrungswelt bewähren und entsprechend beibehalten werden" (REINMANN 2005: 156).

Lernen ist die altersabhängige Entwicklung von Selbststeuerungsmechanismen. Kleine Kinder haben keinen formalen Zugang zur Selbststeuerung des Lernens; erst während der Grundschulzeit entwickeln die meisten Kinder entsprechende Kompetenzen, wobei die Begründungen dafür und für den Ausprägungsgrad differieren (ebd.). Für die Gegenüberstellung der Theoriegebäude in Bezug auf das „Self-Regulated Learning" gibt ZIMMERMAN (1989) die Ebenen „Motivation to self-regulate", „Self-awareness", „Key self-regulation processes", „Social and physical environment effects" und „Acquisition of a capacity to self-regulate" vor.

Im Folgenden werden nun die verschiedenen Zugänge im Detail behandelt. Anschließend folgen tragende Modelle des SGL aus dem letzten Jahrzehnt. Sie bedienen sich verschiedener Zugänge und bilden den Abschluss dieses großen Kapitels.

3.1 Operante Konditionierung und Selbststeuerung

Generell kann die Sichtweise der Vertreter der operanten Konditionierung auf das selbstgesteuerte Verhalten wie nahezu jedes andere Verhalten gesehen werden – letztlich vom Umfeld gesteuert (vgl. MACE/BELFIORE/SHEA 1989). In Summe ermöglichen es die Selbststeuerungstechniken Selbst-Beobachtung, -Instruktion, -Verstärkung und Stimulus- bzw. Umfeldkontrolle den Lernenden, ihre offenen Verhaltensweisen – z. B. die Hausübung[16] fertigzustellen – zu kontrollieren und auch verdeckte „Reflexe" – wie Gefühle der Zufriedenheit mit der eigenen Anstrengung – zu steuern (vgl. auch ZIMMERMAN 2006).

BURRHUS FREDERIC SKINNER war amerikanischer Psychologe und Verhaltensforscher und gilt als führender Vertreter des (psychologischen) Behaviorismus.[17] Als Begründer der operanten Konditionierung und damit des programmierten Lernens begnügte er sich im Gegensatz zur klassischen

---

16 österreichischer Begriff für Hausaufgabe

17 Der Behaviorismus ist eine Verhaltenstheorie (von Tieren und Menschen) auf der Grundlage des Reiz-Reaktions-Modells. Auf einen Stimulus folgt nach bestimmten Gesetzen ein bestimmter Response (vgl. BAUMGARTNER/PAYR 1999).

Konditionierung (zuerst erforscht von IWAN PETROWITSCH PAWLOW) nicht allein mit dem Reiz-Reaktions-Schema und der Reizsubstitution, sondern ergänzte den Reiz-Reaktions-Ablauf um die nachfolgende Konsequenz (Belohnung, Strafe). Diese wirkt ihrerseits wieder auf den Kreislauf Stimulus-Response ein, erhöht die Auftretenswahrscheinlichkeit bei Belohnung und vermindert sie bei Bestrafung. Positive Verstärker können Reize sein, die entweder der direkten Bedürfnisbefriedigung dienen oder dies indirekt können.[18] Daneben gibt es auch negative (aversive) Reize, welche der Bestrafung dienen (vgl. auch STOFFER 2006). Die aus den Tierversuchen SKINNERs resultierenden Verstärkungspläne wurden nie auf den Menschen angewandt (vgl. REINMANN 2005). "Operant behavior is behavior whose occurrence depends on the environmental consequences it produces" (MACE et al. 1989: 28). Hier geht klar hervor, dass das Augenmerk bei den Konsequenzen (Verstärkern) liegt. Zwei beherrschende Reize sind von großem Interesse, nämlich „those that occur antecedent" (der Handlung vorangehend) und die „as a consequence" (als Folge) des Verhaltens (ebd.: 29). In Verbindung mit der Selbststeuerung sind die spannenden Fragen: Hat der Lernende die Wahl zwischen (welchen) alternativen Verhaltensweisen? Wie hoch (relativ) ist der Verstärkungswert der Konsequenz auf die Response-Alternativen? Wie ist es um den zeitlichen Abstand bestellt (sofortige vs. verzögerte Konsequenz)?

Die entscheidenden Teilprozesse der Selbststeuerung bei der operanten Sichtweise (MACE et al. 1989: 32 ff.; ZIMMERMAN 2006: 38) sind:

a) „Self-Monitoring" – im Sinne von Beobachtung *und* Messung; die Ergebnisse können Grundlage für c) sein;

b) „Self-Instruction" – verbale oder nonverbale Stimuli mit Verstärkungskapazität, Verhaltensregeln oder Anleitungen;

c) „Self-Reinforcement" – Selbstbestärkung im Sinne einer Konsequenz auf eine erfolgreiche Handlung, die ihrerseits die Auftretenswahrscheinlichkeit der gewählten Reaktion erhöht;[19]

d) „Stimulus or environmental control" – Veränderung des persönlichen Umfeldes, um die Eintrittswahrscheinlichkeit der gewünschten Lernergebnisse zu erhöhen).

---

18 Direkte Bedürfnisbefriedigung ist z. B. Nahrung, indirekte wäre beispielsweise Geld – damit kann Nahrung gekauft werden.

19 Das können beispielsweise Bonuspunkte etc. sein. Ein „true reinforcer" muss frei erhältlich sein und in Verbindung mit dem Stimulus stehen, also bedingt sein durch die Leistungsvorgabe.

An anderer Stelle schreiben MACE et al.:

> Operant theorists view self-regulated behavior to be like all operant behavior, a function of its consequences. Behavior becomes *self*-regulated when individuals arrange the environment in a variety of ways to alter the probability of their behavior producing reinforcing or punishing stimuli. These arrangements can be considered subprocesses of operant self-regulation and include self-monitoring, self-instruction, and self-reinforcement. Using self-monitoring, individuals can learn to better discriminate occurrences of their behavior and its relation to environmental consequences. The techniques of self-instruction and self-reinforcement promote self-regulation by providing discriminative stimuli and immediate consequences for chains of behaviors that ultimately lead to reinforcing environmental consequences.[20] (MACE et al. 1989: 44 f.)

3.2 Phänomenologischer Blick auf die Selbststeuerung

Die Phänomenologie als Methode und als philosophisches System[21] ist sehr hilfreich, um die Vorrangstellung unserer eigenen Auffassungen und des Denkens über uns und die Welt beim Lenken und Regulieren unseres Ver-

---

20 „Selbstgesteuertes Verhalten wird von den Vertretern der operanten Konditionierung – wie jedes Verhalten – als Funktion seiner Konsequenzen angesehen. Selbst-gesteuert wird ein Verhalten, wenn Individuen ihr Umfeld auf verschiedene Art und Weise gestalten, um die Wahrscheinlichkeit zu verändern, dass ihr Verhalten belohnende oder strafende Reize erzeugt. Diese Arrangements können wohlüberlegte Teilprozesse der operanten Selbststeuerung darstellen und beinhalten Selbst-Überwachung, Selbst-Unterweisung und Selbst-Verstärkung. Mit Selbst-Überwachung können Individuen lernen, besser zwischen dem Auftreten ihres Verhaltens und seiner Relation zu Konsequenzen des Umfelds zu unterscheiden. Die Techniken der Selbst-Unterweisung und Selbst-Verstärkung begünstigen die Selbststeuerung, indem sie unterschiedliche Stimuli und unmittelbar darauf folgende Response für Verhaltensketten bereitstellen, die letztendlich zu verstärkenden Umfeldkonsequenzen führen." (Übersetzung des Autors)

21 Als solcher wurde er von EDMUND HUSSERL Ende des 19. Jh. als Gegenpol zu den Strömungen der deterministischen, naturalistischen und experimentellen Philosophie vorgestellt. Die Philosophie als erste Wissenschaft, jenseits aller Metaphysik und Psychologie, war sein Ziel (s. Artikel „Phänomenologie" in *Wikipedia* oder auch Artikel „Phänomenologie" in *Microsoft*® *Encarta*® 2007).

haltens zu verstehen (vgl. MCCOMBS 1989). Die Phänomenologisten betonen
die subjektiven Auffassungen der Lernenden von ihrer sozialen und physischen Umwelt stärker als die objektive Natur dieser „Erscheinungen". "Human experience is assumed to be filtered through a personal lens that affects
one's interpretations of incoming information positively or negatively" (ZIM-
MERMAN 2006: 39). Die Lehrenden haben die wichtige Aufgabe, bei ihren
Schülerinnen und Schülern die Selbstauffassungen zu verbessern. Diese sind
der Schlüssel für eine erhöhte Selbststeuerung.

Phänomenologie als Methode, um den Wahrheitsgehalt des philosophischen Standpunktes zu zeigen, heißt nach MCCOMBS (1989: 52.): "The
methodology is based on the philosophical assumption that the experience of
consciousness and of self are real and can be systematically studied and veri-
fied."[22] Dabei akzeptiere sie im Zusammenhang mit der Selbststeuerung die
Vorrangstellung der Ich-Phänomene („Erscheinungen") beim Leiten und
Lenken des Lerner-Verhaltens. In der gängigen Meinung werde das Selbst
als aktiver Konstruktor von kognitiven Repräsentationen und des Verständnisses einer objektiven Welt angesehen. Die Strukturen („What"-Aspekt) des
Selbst-Systems[23] werden im Verlauf des Lebens durch Interaktionen mit der
sozialen und physikalischen Umwelt gebildet. Im Kontext des selbstgesteuerten Lernens werden sie von MCCOMBS (1989) als persönliche Überzeugungen und Wahrnehmungen definiert, die die Fähigkeit haben, Kognition,
Affekt, Motivation und das Verhalten in Lernsituationen zu lenken und zu
steuern. Die Prozesse („How"-Aspekt) des Selbst-Systems betreffen Ich-
Bewusstheit, Selbst-Evaluation und Selbst-Beurteilung in Bezug auf die
Zielvorgabe und -erreichung. Der Glaube an die persönliche Kompetenz und
die Kontrolle über die Lernsituation, das Überwachen der Selbstbilder,
Erwartungen und Ziele und das Regulieren und Lenken von Affekt, Motiva-
tion und Verhalten sind hier gemeint. Ergänzend kommen noch Selbst-
bestimmung, Volition und Tätigkeit („Who"-Aspekt) dazu, die bei der
Steuerung des Lernens wichtig sind (ebd.).

---

22 „Die Methode basiert auf der philosophischen Annahme, dass Erfahrungen der Bewusstheit sowie Selbst-Erfahrungen real sind und deshalb systematisch untersucht und
verifiziert werden können." (Übersetzung des Autors)

23 Das sind in erster Linie globale oder domänenspezifische Konzepte, die das Selbstkonzept, das Selbstbild und den Selbstwert beinhalten.

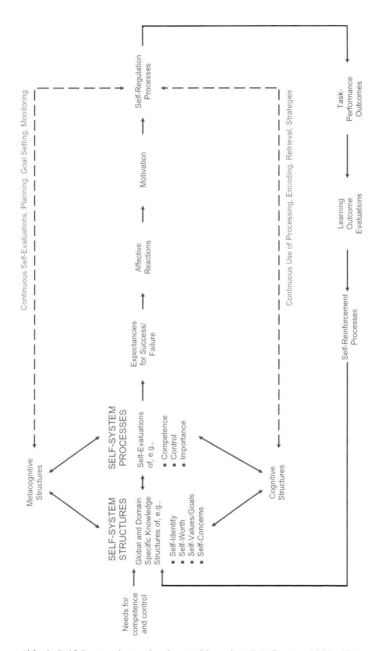

Abb. 3 Self-System in motivation and learning (McCombs 1989: 63)

Abbildung 3 (vorläufiges Kausalmodell von der Rolle des Selbst-Systems in Bezug auf Motivation und Lernen) zeigt den Zusammenhang der Strukturen und Prozesse sehr eindrucksvoll.

MCCOMBS (1989) führt weiter aus, dass die Vertreter der phänomenologischen Sichtweise die Kenntnis des Selbst-Konzeptes, der Strukturen und Prozesse für unabdingbar für die Selbstüberwachung und die Verhaltenssteuerung halten. Die Entwicklung der „self-system structures and processes" wird von ihnen als das fundamentale „Phänomen" (Erscheinung) angesehen, das die Entwicklung der Selbststeuerung erklärt. Als erster Schritt bei der Selbststeuerung müssen Ziele gesteckt werden, d. h. ausgewählt und nach persönlicher Wichtigkeit geordnet werden. Um dies sinnvoll umzusetzen, müssen Lernende sich selbst kennen und realistische Einschätzungen über ihre Fähigkeiten zur Bewältigung der Ziele haben. Von fundamentaler Wichtigkeit ist es jedoch, dass die Lernenden ihre persönliche Verantwortung für ihre Selbst-Definition und ihre aktive Rolle für die Ich-Entwicklung verstehen. In einem zweiten Schritt geht es um die persönliche Planung und Strategiewahl, um die gesteckten Lern-Ziele zu erreichen, wobei oft spezifische Ziele die zu wählende Strategie ziemlich deutlich vorgeben. Schließlich bedarf es im dritten Schritt der Handlungs-Ausführung und -Bewertung einer Entwicklung von Prozessen des „Self-Monitoring" und „Self-Evaluation" in Bezug auf die gewünschten Ziele. Daraus sieht man deutlich, dass eine wichtige Voraussetzung für die Selbststeuerung metakognitives Wissen ist.

Fehlen adäquate Strukturen und Prozesse des Selbstkonzeptes, sieht MCCOMBS (1989) folgende mögliche Gründe dafür:

a) Probleme bei der Entwicklung von Kompetenz- und Steuerungsglauben („beliefs") die Lernsituation betreffend;

b) Probleme bei der Lokalisierung der Verantwortung für das Lernen und für die Entwicklung des Selbst;

c) Probleme bei der Entwicklung von möglichen Selbstbildern und Zielen für das Ich und für die Selbststeuerung;

d) Probleme beim Definieren von relevanten und durchführbaren Erwartungen zur Selbststeuerung;

e) Probleme, die Aufmerksamkeit und Beobachtung auf die Ich-Zustände, Erwartungen und Ziele zu richten;

f) Probleme bei der Lenkung und Steuerung von Affekt, Motivation, Lernprozessen und Erfolgen.

3.3   Sozial-kognitive Sicht von Selbststeuerung

Selbststeuerung nimmt nicht automatisch mit dem Alter der Lernenden zu und kann auch nicht passiv vom Lernumfeld erworben werden. Sie ist ein zyklischer Prozess, bei welchem Person, Verhalten und Umfeld interagieren und die Teilprozesse der Selbststeuerung sich im Lernprozess und im Lauf der Entwicklung verändern; auch die Effekte der Interventionen unterscheiden sich beim Erwerb der Selbststeuerungsfähigkeiten. Der soziale Vergleich mit anderen scheint für Grundschulkinder wichtiger zu sein als für ältere Kinder bzw. Jugendliche. Mit zunehmendem Alter wird der Vergleich wichtig, um persönliche Bewertungsstandards hinsichtlich der eigenen Begabung zu bilden. Selbststeuerung ist auch deshalb ein zyklischer Prozess, da das Feedback von früheren Handlungsdurchführungen für die Justierung des aktuellen Strategieeinsatzes verwendet wird. Und sie ist ein Multilevel-Prozess, der zunehmend optimiert wird – bei gleichzeitiger Reduktion der sozialen Unterstützung (v. a. durch Eltern, Lehrende und Gleichaltrige). Keine Selbststeuerungsstrategie ist für alle Lernenden gleich empfehlenswert und nur wenige, wenn überhaupt, sind optimal für alle Lernaufgaben und Anlässe einer Person (vgl. ZIMMERMAN 2005).

Im Zentrum der sozial-kognitiven Theorie steht ALBERT BANDURA (vgl. S. 22) mit seiner sozialen Lerntheorie.[24] Dabei sieht BANDURA (1997) den Menschen in einem wechselseitigen triadischen Interaktionsdreieck zwischen Verhalten, Umwelt und Kognitionen und anderen persönlichen Faktoren (vgl. auch FUCHS 2005). Abbildung 4 soll dies verdeutlichen.

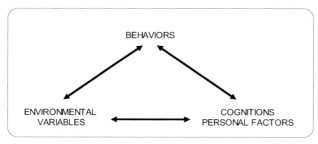

Abb. 4
Human functioning as reciprocal inter-actions
(SCHUNK 1989a: 84)

---

24 Andere Begriffe lauten z. B. Modelllernen, Nachahmungslernen, Imitationslernen, Beobachtungslernen. BANDURA hielt diese Differenzierungen nicht für nötig (vgl. STANGL 2007d).

SCHUNK (1989b) zeigt auch, dass Selbstwirksamkeitsglaube das eigene Lernverhalten beeinflusst, d. h. die Wahl der Aufgaben, das Durchhaltevermögen, aufgewandte Anstrengung oder Kompetenzerwerb. Umgekehrt hat das aktuelle Verhalten auch Auswirkungen auf die angenommene Selbstwirksamkeit. So haben beispielsweise Schülerinnen und Schüler mit Lernbehinderungen eine geringe Wahrnehmung von Selbstwirksamkeit in Bezug auf das Erbringen guter Leistungen. Aussagen von Lehrenden mit Überzeugungskraft, wie z. B. „Ich weiß, dass du das kannst!", können den Selbstwirksamkeitsglauben steigern. Generell gilt, dass Verhalten und Klassen- bzw. Lernumfeld sich gegenseitig beeinflussen (vgl. auch SCHUNK 1989a).

Wichtige Begriffe in der sozialkognitiven Lerntheorie sind „enactive" und „vicarious learning". Enaktiv meint handelnd, mit den Sinnen erfahrbar – vikariierend bedeutet stellvertretend. Lernen bedeutet immer eine Änderung des Verhaltens oder des Verhaltenspotenzials durch einfließende Erfahrungen, wobei diese enaktiv oder stellvertretend im Sinne von Beobachtungslernen oder Modelllernen sein können. Handlungen mit positiven Konsequenzen haben die Tendenz der Beibehaltung und erfolglose Handlungen tendieren dazu, verworfen zu werden. Dabei behauptet die sozialkognitive Theorie, dass die Folgen eines Verhaltens als Informations- und Motivationsquelle dienen. Menschen verarbeiten Informationen selektiv – sie lassen sich auf kognitive Aktivitäten ein, die erfolgreiches Verhalten unterstützen, und sie lernen Verhalten, das sie wertschätzen und von dem sie annehmen, dass es zu lohnenden Konsequenzen führt. Die Beobachtung von Modellen und deren erfolgreichen Verhaltensweisen führt dazu, dass solches Verhalten auch angestrebt wird. Und je ähnlicher sich Beobachter und Modell sind, desto ähnlicher werden die soziale Erwünschtheit des Verhaltens und die „produzierten" Ergebnisse sein. Auch die Selbstwirksamkeit kann so steigen und der Beobachter traut es sich eher zu, die Aufgabe zu bewältigen. In diesem Zusammenhang weist SCHUNK (1989a) darauf hin, dass „peer models", also gleichaltrige Leitbilder, die Selbstwirksamkeit besser fördern als die Beobachtung von Lehrer-Modellen oder gar keine Vorbilder (vgl. dazu auch ZIMMERMAN 2005).

Die wichtigsten Subprozesse beim selbstgesteuerten Lernen in der sozialkognitiven Theorie sind „Self-Observation", „Self-Judgment" und „Self-Reaction", wobei sie nicht für sich alleine stehen, sondern untereinander interagieren (vgl. ZIMMERMAN 2006).[25] In weiterer Folge können die eigenen Reaktionen wieder Ausgangspunkt von Beobachtungen im Bezug auf diesen Aspekt oder auf neue Handlungsweisen werden. Und zu guter Letzt stehen diese Teilprozesse noch unter dem gegenseitigen Einfluss des Lernumfeldes. Erklärend sei noch angemerkt (vgl. dazu auch SCHUNK 1989a; ZIMMERMAN 2006), dass unter „Self-Observation" (manchmal auch als „Self-Recording" bezeichnet) die qualitative und quantitative Erfassung (Zeit, Dauer, Ort des Auftretens) von einzelnen Aspekten über einen längeren Zeitraum in zeitlicher Nähe des auftretenden Verhaltens verstanden wird. In dieser Hinsicht sind „regularity" und „proximity" zwei wichtige Kriterien für die Selbstbeobachtung. „Self-Judgment" meint, dass das derzeitige Effizienzlevel mit den gesteckten Zielen verglichen wird. Dies wird an absoluten und normativen Standards gemessen[26] – Standards informieren und motivieren. Die Aneignung von Bewertungsstandards geschieht häufig auch durch Modellbeobachtung.

Neuere Forschungen (MATTHEWS et al. 2005; DEMETRIOU 2005) versuchen die divergierenden Persönlichkeits-Sichtweisen von Charaktereigenschaften („traits") und Selbststeuerung („self-regulation") zusammenzuführen. Charaktereigenschaften sind ja durch personale Stabilität über die Zeit und differenzierte Situationen gekennzeichnet. Demgegenüber steht die Selbststeuerung und damit die Persönlichkeit als Folge von idiographischen[27], kontextsensiblen kognitiven Prozessen. Kognitive Theorien fußen ihrer Ansicht nach auf Schlüsselprozessen mit diversen Parametern oder Attributen und dem Informationsfluss zwischen ihnen (s. Abb. 5). Prozesse, die zur Selbststeuerung beitragen, sind beispielsweise:

- „Cognitive Stress Processes": Hauptsächlich handelt es sich um Begutachtung („appraisal") und Bewältigung („coping") sowie Metakognition; sie sind in Abb. 5 in der zentralen Ebene dargestellt.
- „Knowledge Structures": Diese selbstreflexiven Informationen im Langzeitgedächtnis beinhalten in schematischer Form die motivationalen Informationen; sie sind als oberste Ebene in der Abbildung dargestellt.

---

25 Zur Verdeutlichung: Bei der Beobachtung von persönlichen Verhaltensaspekten („Self-Observation") kann jemand dies auch zugleich im Hinblick auf existierende Standards beurteilen („Self-Judgment") und positiv oder negativ darauf reagieren („Self-Reaction").

26 Absoluter Standard: z. B. 80 von 100 Punkten; normativer Standard: Vergleich mit Mitlernenden.

27 Idio – gr. eigen; die idiographische Persönlichkeitsforschung hat das Verstehen und möglichst vollständige Erfassen der Einzigartigkeit eines Menschen zum Ziel.

- „Outcome Variables": Die Symptome von schwierigen oder fordernden Ereignissen (z. B. negativer Affekt, gesundheitliche Probleme oder Leistungsbeeinträchtigung) betreffen den rechten Teil der unteren Ebene in der folgenden Abbildung.
- „Traits": Das sind generelle Charaktereigenschaften in Form von Gedanken (wie Selbstwirksamkeit, Selbstwert oder Optimismus) und selbstreflexive Charakterzüge als Informationsstil (wie dispositionales Selbstbewusstsein, metakognitiver Stil und Sorge); sie sind in der Abbildung als linker Teil der unteren Ebene dargestellt (vgl. Abb. 5).

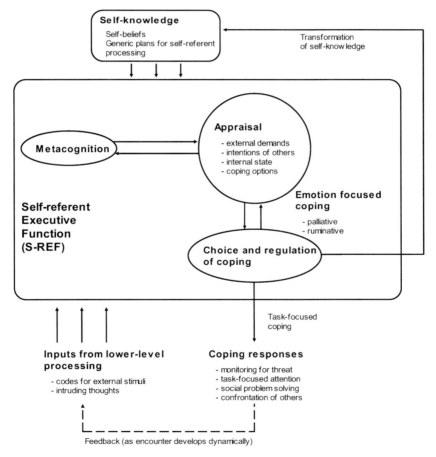

Abb. 5 Cognitive architecture of the S-REF model (MATTHEWS et al. 2005: 178)

"Styles of self-regulation are an integral aspect of personality. Reconciling the trait and social-cognitive perspectives on self-regulation requires understanding the underlying cognitive architecture" (MATTHEWS et al. 2005: 199). Zum Verständnis dieser zugrunde liegenden kognitiven Architektur haben MATTHEWS et al. (2005) das „Self-referent Executive Function"-Modell von WELLS und MATTHEWS angepasst und unterscheiden drei Ebenen der Kognition (ebd.: 174): auf niedriger Ebene "a stimulus-driven lower-level network of interacting processing units", auf der mittleren Ausführungsebene "a supervisory executive implementing voluntary control" und auf einer Art Überebene "self-knowledge held in long-term memory" (s. Abb. 5). Im Zentrum dieser Abbildung befindet sich die ausführende Ebene, sie arbeitet auf die Minimierung der Diskrepanz zwischen der Statusrepräsentation des Ich und normativen Repräsentationen hin. Hier geschieht die kontrollierte Verarbeitung und Steuerung von Handlungen und Denken. Angetrieben wird sie von der darunter liegenden Ebene, von den externen Stimuli oder internen Verarbeitungszyklen und Gedanken. Sie wird beeinflusst von der darüber liegenden Ebene, von der Selbsterkenntnis als einer Ansammlung von Strategien und generischem Proceduralwissen (vgl. MATTHEWS et al. 2005).

3.4 Informationsverarbeitungsperspektive des selbstgesteuerten Lernens

In rekursiven Zyklen schreiten die Lernenden von einem Basislevel zu höheren fort. Die Zielsetzungen sind hierarchisch geordnet. Das Lernen hängt davon ab, inwieweit es den Lernenden gelingt, Information durch Induktion und Transformation in eine persönliche effektive Form zu bringen.

Diese Zugänge entstanden aus der Entwicklung der Computerhardware und Software – dementsprechend spielen Begriffe wie Speicherkapazität, Art der Lernstrategien usw. eine Rolle. Die Anhänger der Informationsverarbeitungsperspektive sind der Meinung, dass optimale Selbststeuerung bedeutet: die Lehrenden müssen eine umfangreiche Aufgliederung der Bildungsaufgaben verwalten (vgl. ZIMMERMAN 2006). Dies hilft den Lernenden, geeignete Ziele zu setzen, effektive Lernstrategien in der Form von Wenndann-Regeln zu wählen und Feedback zu evaluieren. Eine Optimierung geschieht, wenn Ziele in eine Hierarchie eingeordnet werden, wenn Schüler vom Basislevel zu höheren Ebenen fortschreiten – ohne Steuerung von außen. Die Subprozesse „Zielsetzung", „metakognitives Monitoring" und „Adaption" formen eine rekursive Feedbackschleife. Negative Rückmeldung signalisiert dem Lernenden eine Diskrepanz zwischen seiner Durchführung und einem evaluativen Standard und zwingt ihn dazu, die Strategie vertieft anzuwenden bzw. anzupassen. Positive Rückmeldung bedeutet, dass der Lernende auf eine höhere Stufe wechseln kann. Die kritische Rolle des metakognitiven „Monitorings" wird hier deutlich sichtbar, es ist ein "window of awareness on the quality of one's functioning, and it leads to *self-evaluations* of matches and mismatches between one's current outcomes and standards, which provide the impetus for further learning" (ZIMMERMAN 2006: 40).

3.5   Volitionale Betrachtung der Selbststeuerung

Die volitionale Sichtweise der Selbststeuerung sieht die Volition als Schutz der Motivation an und hält sie für entscheidend für die Handlungsausführung. Viele Subprozesse sind dabei verdeckt. Erwartungshaltungen prägen Situationen, Handlungen, Ziele und Konsequenzen.

Die Volitionsforschung ist ein Teil der Motivationspsychologie, die die Bildung und Realisierung von Absichten zum Schwerpunkt ihrer Untersuchungen gemacht hat. JULIUS KUHL hat die Idee von NARZISS ACH wieder aufgegriffen, der die Motivation von der Volition[28] abgrenzt. Die Motivation erzeugt den Impuls oder die Intention, etwas zu tun – die Volition kontrolliert die Intentionen und Impulse, damit die Handlung ausgeführt wird. KUHL hat die Handlungskontrolle ins Zentrum seiner Aufmerksamkeit gerückt.[29] Die Strategien der Handlungskontrolle sind bewusst gesteuerte Prozesse, um intentionsgeleitete Kognitionen oder Emotionen zu verstärken und konkurrierende Prozesse zu unterdrücken (vgl. KUHL 2005). Die volitionalen Prozesse setzen ein, nachdem die Entscheidung, beispielsweise eine Schulaufgabe zu erledigen, gefallen ist. Sie vermitteln den „Auftrag" und schützen die gefällte Entscheidung. CORNO (1989; 1986) definiert SRL als Verinnerli-

---

28 Velle – lat. wollen; Volition – Willensäußerung, -entschluss; volitional – willensmäßig.

29 Vgl. dazu auch den Artikel „Volition" in *Wikipedia*.

chung von Strategien zur Lern- und Aufgabensteuerung, die auf Wunsch oder Verlangen mobilisiert und aufrechterhalten werden können. Der volitionale Ansatz kommt hier deutlich zum Tragen.

Um sich von den bisher beschriebenen theoretischen Zugängen abzugrenzen, meint CORNO (1989: 112): "We do not, however, equate SRL with either acquired or native intelligence, nor do we believe it is merely the result of instrumental conditioning or internal motivators such as perceived efficacy." Die volitionalen Aspekte der Selbststeuerung sind nach Ansicht von CORNO (1989) jene Mechanismen, die die Konzentration regeln und den Lernfortgang unterstützen – auch bei hemmenden Umfeldbedingungen oder hinderlichen persönlichen Faktoren im schulischen Lernprozess. Und die sind ihrer Meinung nach meta-kognitiver, meta-affektiver und meta-motivationaler Natur, weil sie alle diese psychologischen Zustände (Kognition, Motivation, Affekt) schützen und kontrollieren. Volition ist eine notwendige, aber nicht ausreichende Bedingung für selbstgesteuertes Lernen und hat eine Schlüsselrolle für die Effizienz des Lernens.

Die Teilprozesse des SGL aus volitionspsychologischer Sicht (s. Abb. 6) werden von CORNO (1989: 118 ff.) im schulischen Kontext folgendermaßen identifiziert (mit Beispielen in Klammern):

Verdeckte Prozesse kognitiver Art (s. rechten Teil in Abb. 6) sind

a) „Attention control" (nicht auf den Klassenclown, sondern zur Tafel schauen),

b) „Encoding control" (selektives Bearbeiten dessen, was für den Abschluss der Aufgabe notwendig ist; das lernen, was zum Test kommt) und

c) „Information-processing control" (schnell erfassen, was zu tun ist; vermeiden von Informationsüberlastung, Pausen machen).

Weitere „covert processes" (s. linker unterer Teil in Abb. 6) sind

d) „Emotion control" (positive innere Sprache; Ärger vermeiden) und

e) „Motivation control" (sich den positiven Ausgang vorstellen) – in anderen Zusammenhängen wird auch von „incentive escalation" (als anfeuernde Steigerung) und von „self-consequences" (als vorgestellte und tatsächliche Ergebnisse) oder „causal attributions" gesprochen.

Die offenen Prozesse (s. linker oberer Teil in Abb. 6) betreffen

f) „Environmental control" (sich an einen stillen Platz setzen, um die Aufgabe zu erledigen), wobei diese umgebungsbedingten Selbststeuerungsprozesse leichter fassbar, beobachtbar und regelbar sind. Sie beinhalten „task control", „setting control", „peer control" und „teacher control".

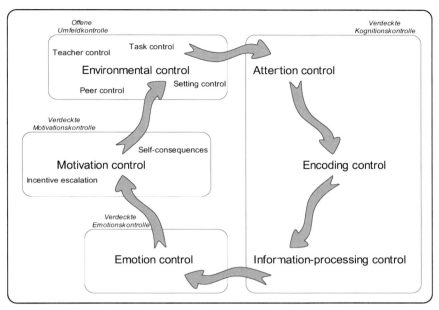

Abb. 6 Teilprozesse des SGL aus volitionspsychologischer Sicht

Wichtig scheint noch zu sein, dass volitionale Kontrollstrategien vor allem dann benötigt werden, wenn man alleine lernt. Sie lassen sich erlernen, und die bewusste Verwendung der angeführten Taktiken stellt einen wichtigen Beitrag bei der Zielerreichung (von Lernenden) dar. ZIMMERMAN (2006) weist auch darauf hin, dass die Kontrollstrategien weniger das Lernen per se beeinflussen als vielmehr die Intentionen zu lernen.

Etwas weiter gefasst ist der motivationale Ansatz. Es darf angenommen werden, dass die Interaktion zwischen persönlichen und situativen Eigenschaften die Zielsetzung, die Erwartung und den Anreiz beim SGL beeinflusst. Abbildung 7 zeigt, wie Motivationsvariablen das Lernen im Detail beeinflussen und welchen Einfluss sie auf das Lernergebnis haben.

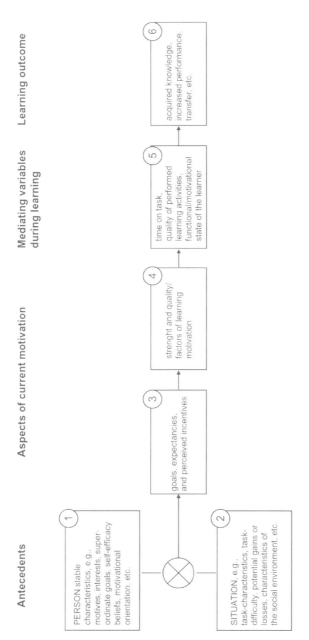

Abb. 7 Framework for learning motivation (RHEINBERG et al. 2005: 505)

Dieser Rahmen für Motivation und Lernen legt zugrunde, dass Motivationsverhalten immer eine Funktion von Person und Situation ist, dasselbe ist dann auch für SGL anzunehmen. Die Box 5 in Abb. 7 zeigt die Mediatorvariablen, die Auskunft über den Einfluss der Motivationsaspekte auf das Ergebnis geben. Der Übergang von Box 3 zu Box 4 in Abb. 7 wird etwas genauer beleuchtet. Eine Lernfolge ist dabei typischerweise in vier Abschnitte unterteilt (s. Abb. 8):

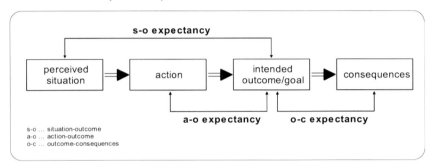

Abb. 8 Cognitive model of motivation (RHEINBERG et al. 2005: 509)

Die vier Abschnitte (Situation, Handlung, Ziel, Konsequenzen) werden durch drei Erwartungshaltungen überbrückt:
a) Die gegebene Situation führt ihrerseits zu einem intendierten Ergebnis – ohne Handlung (s-o expectancy).
b) In der subjektiven Wahrscheinlichkeit, dass Lernhandlungen zum gewünschten Ergebnis führen (a-o expectancy), findet sich die Selbstwirksamkeitstheorie von BANDURA (1995b; 1997) wieder.
c) Die dritte Erwartungshaltung ist die subjektive Wahrscheinlichkeit, dass die Ergebnisse zu erhofften Konsequenzen führen.

KUHL (2005) entwirft einen „Functional design"-Zugang zur Selbststeuerung, wo er sein Interesse nicht auf den kognitiven Inhalt – wie Wirksamkeitsglaube, Erwartung oder Kausalattribution – legt, sondern auf die unter Motivation und Selbststeuerung liegende funktionelle Architektur. Selbststeuerung ist demnach keine homogene Entität, die mit globalen Konzepten beschrieben werden kann, sie besteht aus "largely implicit (unconscious) processes that integrate as many subsystems and processes as possible for the support of a chosen action" (KUHL 2005: 115). Demgegenüber steht Selbstkontrolle als eine bewusste Form der Handlungskontrolle.

Zusätzlich versucht die Theorie der Persönlichkeits-Systeme-Interaktion („Personality systems interaction theory", PSI-Theorie; KUHL 2005) etablierte kognitive, motivationale, volitionale sowie psychologische Theorien in die dynamischen Annahmen einzubauen. Indem sie verschiedene Ebenen unterscheidet, wird somit eigentlich eine Systemtheorie aufgebaut. KUHL (2005) identifiziert die vier kognitiven Makrosysteme[30], die durch positive oder negative Affektveränderungen oder -hemmungen verändert werden. Dies geschieht durch die sieben Modulationsannahmen.[31] Durch die dynamische Annahme des Zusammenspiels unter diesen Systemen werden die Probleme von traditionellen Zugängen, die bei der Erklärung bzw. Veränderung von kritischen Verhaltensweisen oder kognitiven Annahmen an ihre Grenzen stoßen, elegant umschifft.

3.6 Systemtheoretische Ansichten der Selbstregulation

Systemtheoretische Überlegungen vereinen eine ganze Anzahl von Theorien, z. B. aus der Volitions- und Motivationsforschung, aus der Psychologie, aus der Persönlichkeitsforschung usw. Die Stärke liegt in der widerspruchsfreien Verbindung diverser Theorien, die Schwäche in der Aneinanderreihung von Modellen – ohne klare Darlegung, wie diese zusammenspielen und sich gegenseitig beeinflussen.

Um die Mitte des 20. Jh. entsteht die Systemtheorie als „neue" Wissenschaft. Sie fragt nach dem Gemeinsamen in komplexen und dynamischen „Ganzheiten", die in unterschiedlichen wissenschaftlichen Disziplinen ganz verschieden erscheinen können. Und sie fragt nach dem Verhalten solcher Systeme (vgl. ULRICH/PROBST 1991). Ausgehend von der motivationspsychologischen Forschung und unter kybernetischem[32] Einfluss haben bei-

---

30 Low-level: intuitive Verhaltenssteuerung und Objekterkennung; high-level: Intentionsgedächtnis und Extensionsgedächtnis (vgl. KUHL 2005)

31 Willensbahnung, Selbstbahnung, Willenshemmung, Selbstberuhigung, Selbstmotivierung, Systemkonditionierung und Selbstverwirklichung (vgl. KUHL 2005)

32 Kybernetik ist die Lehre von der Steuerung komplexer Systeme, Rückkoppelungen und Regelkreisen (vgl. STANGL 2007c).

spielsweise CARVER und SCHEIER (1998, zit. nach CARVER/SCHEIER 2005) eine Systemtheorie entwickelt. Sie zählt zu den Kontrolltheorien und geht von einer Top-down-Regulation[33] aus. Ein anderes Beispiel ist das ISM-Modell (intentional systemic mindfulness model) von SHAPIRO und SCHWARTZ (2005). Darin wird die Absicht an die primäre Stelle der systemischen Komponenten gestellt, die wiederum untereinander in Beziehung stehen. Es spricht explizit den Gesundheitsbereich an und versucht Aspekte der westlichen und östlichen Welt zu verbinden.

Wie kreiert ein Individuum aus Intentionen und Wünschen Handlungen? Wie bleibt ein Mensch auf Kurs, nachdem er sich für etwas entschieden hat? Welchen Einfluss haben Gefühle? Dies waren die leitenden Fragen für Carver und Scheier bei der Erstellung ihres Modells. "Behavior is goal directed and feedback controlled", wobei die „feedback loops" aus der kybernetischen Kontrolle genommen wurden (Carver/Scheier 2005: 42). Die Inputfunktion ist ein Sensor, wie beispielsweise Wahrnehmung oder Information. Aus den angestrebten Zielen ergeben sich die Referenzwerte. Der Komparator ist eine Schnittstelle, die Input- und Referenzwert vergleicht. Das Ergebnis daraus (gleich oder ungleich) ist eine Outputfunktion, ein bestimmtes Verhalten (s. Abb. 9). Dabei unterscheiden Carver und Scheier (2005) zwei Arten von Diskrepanzen beim Ergebnis „ungleich". Dies ist abhängig vom Ziel, etwas erreichen oder vermeiden zu wollen:

a) Beim Versuch, ein Ziel zu erreichen, handelt es sich um einen negativen „feedback-loop" (Diskrepanzreduktion).

b) Positive „feedback-loops" entstehen bei der Vermeidung eines Verhaltens (Diskrepanzvergrößerung).

Die Auswirkung, auch auf das Umfeld, und eventuelle Störungen von außen fließen wieder als Input in den Kreislauf (s. Abb. 9).

---

33 Ein vorgegebenes Ziel ist der Sollwert, der an die „Exekutive" weitergegeben wird (Kybernetik 1. Ordnung). Bei den dynamischen Selbstorganisationstheorien handelt es sich um eine Bottom-up-Regulation – das System hat noch keinen vorher festgelegten Sollwert (Kybernetik 2. Ordnung).

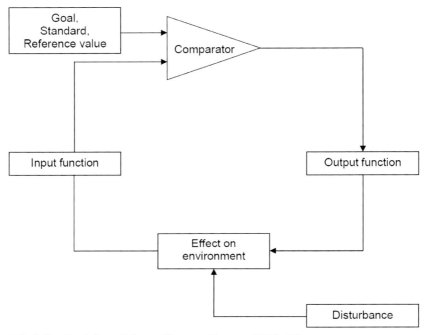

Abb. 9 Feedback-loop-Schema (CARVER/SCHEIER 2005: 43)

Es ist nicht zu übersehen, dass dieses Schema den Ursprung im Behaviorismus hat, im erweiterten Reiz-Reaktions-Schema; es ist an das TOTE-
Modell[34] angelehnt. So, wie die Ziele auf verschiedenen hierarchischen Ebenen angesiedelt sind, z. B. „Be-goals", „Do-goals", „Motor-control-goals",
sind es auch die Feedbackschleifen – und sie beeinflussen sich gegenseitig.
Der Output auf der hierarchisch höheren Ebene steuert den Referenzwert auf
der nächstniedrigeren Ebene. CARVER und SCHEIER (2005) versuchen dann
die Emotionen in dieses Schema einzubetten und vergleichen die Affekte mit
einem Automotor und der Gangschaltung: Wenn man sich zu langsam einem
Ziel nähert, kommen negative Gefühle auf und man strengt sich mehr an,
respektive legt einen Gang zu. Wenn man sich schnell nähert, kommen positive Gefühle auf, es geht wie von alleine (= Leergang), und man muss sich
nicht mehr anstrengen.

Zusätzlich zu den oben erwähnten Theorien fließen bei CARVER und
SCHEIER (2005) noch dynamische Theorien und Konstrukte wie „Phasendia-

---

34 „Test – Operate – Test – Exit" von Miller, Galanter und Pribram (vgl. STANGL 2007a).

gramm mit Attraktor und Repellent" und ein wenig Katastrophentheorie ein, um das menschliche Verhalten und dessen Änderung oder Aufrechterhaltung zu erklären. Als Kritik könnte man also äußern, dass ihr Modell eine reine Ansammlung von übernommenen Theorien darstellt.

Außerdem werden die kognitiven Elemente allzu sehr in den Vordergrund gerückt, wie übrigens auch bei dem Ansatz von SHAH und KRUGLANSKI (2005). Sie haben mit ihrer Theorie von den „Ziele-Geflechten" („goal networks") die Ideen von CARVER und SCHEIER bezüglich der Hierarchie der Ziele weiterentwickelt. "Goals can be seen as the cognitive link between our general motives and specific behaviors" (SHAH/KRUGLANSKI 2005: 102). Diese Erklärung sowie die Erkenntnis, "goals relate to each other and to a wide range of substitutable behaviors" (ebd.: 86), haben weitreichende Folgen für die Selbststeuerung. Wie wirken sich diese Verbindungen auf das Engagement bei gegebenen Zielen aus? Wie wird ein spezifisches Zielerreichungsverhalten unter den vielen Möglichkeiten ausgewählt? Wie wird das Verhalten in Bezug auf das Ziel erfahren und gegebenenfalls verändert? Zur Beantwortung dieser Fragen nehmen SHAH und KRUGLANSKI eine konnektionistische[35] Sicht ein, bei welcher die Ziele und Hilfsmittel zur Zielerreichung ein Netzwerk kognitiver Verbindungen, ein sog. neuronales Netzwerk bilden (s. Abb. 10).

Wie aus Abb. 10 ersichtlich ist, herrscht in einem solchen System Äquifinalität, was bedeutet, dass das angestrebte Ziel über unterschiedliche Wege erreicht werden kann. Die Person hat die Qual der Wahl, d. h. dass sie die besten Mittel wählt, besonders jene, die mit wenig Anstrengung verbunden sind und die sich bewährt haben. Optimalerweise dienen sie nicht nur dem vordergründigen, gewählten Ziel, sondern auch mehreren Hintergrundzielen. Multifinalität ist dann vorhanden, wenn ein Hilfsmittel zur Zielerreichung für mehrere Ziele hilfreich ist. Das Vorhandensein und die Zugänglichkeit von Hilfsmitteln sind nach SHAH und KRUGLANSKI (2005) bestimmende Faktoren auf dem Weg zu den gesteckten Zielen. Sie argumentieren auch, dass allgemeine, globale Ziele nicht nur von ihrer Qualität abhängen, sondern auch von der Stärke der Verbindung zu den Hilfsmitteln zur Zielerreichung. Starke Verbindungen zwischen Zielen rufen jedoch häufig Konflikte hervor.

---

35 Der Konnektionismus in der Kybernetik bzw. der Forschung über „Künstliche Intelligenz" ist ein Ansatz zur Problemlösung, der ein System als Wechselwirkung vieler untereinander verbundener Einheiten sieht (vgl. Artikel „Konnektionismus" in *Wikipedia*).

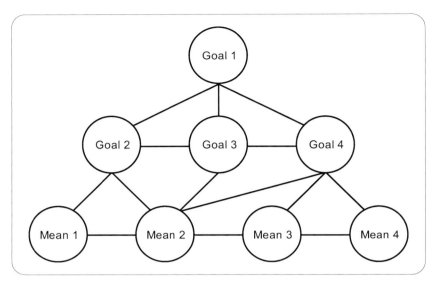

Abb. 10 System of goals and means (SHAH/KRUGLANSKI 2005: 87)

Bei alledem muss noch festgehalten werden, dass grundsätzlich zwei verschiedene Arten von Zielen unterschieden werden, die unterschiedliche Bezeichnungen haben: „target goals" und „purpose goals", „task-specific goals"
und „goal orientations", „performance goals" und „learning goals" (manchmal auch „mastery goals" oder „task goals"), „ego-involved goals" und
„task-involved goals". Die einen haben das spezifische Ergebnis im Vergleich mit anderen Lernenden vor Augen und die anderen zielen auf die
Kompetenzerweiterung ab, auf die generellen Gründe, warum man etwas
macht. Aufgrund dieser unterschiedlichen Bezeichnungen und Zugänge
schlägt PINTRICH (2005) eine Klassifizierung in Quadranten in „Mastery
orientation" und „Performance orientation" sowie „Approach focus" und
„Avoidance focus" vor. Damit könnte eine Verbindung zum SGL in verschiedenen Komponenten besser hergestellt werden, auch die Forschung
könnte besser organisiert werden. Es ist zwar bekannt und naheliegend, dass
Lernende, die sich verstärkt auf Kompetenzgewinn konzentrieren, die also
den „Mastery Approach"-Pfad gehen, auch besser selbstgesteuert lernen, weil
sie die entsprechenden Strategien sinnvoller und verstärkt anwenden. Es gibt
aber weniger Untersuchungen, wie sich der „Performance Approach"-Pfad
auf kognitive, motivationale Ergebnisse oder auf das Lernverhalten auswirkt,

geschweige denn der „Performance Avoidance"-Pfad[36] (vgl. dazu PINTRICH 2005).

DEMETRIOU (2005: 209) definiert Selbststeuerung "broadly as those actions directed at modifying a system's present state or activity and which are necessary either because that state (or activity) is diverting from a previously set goal or because the goal itself needs to be changed". Er identifiziert drei Bedingungen für die Selbststeuerung von Systemen:

a) Es bedarf einer Selbst-„Monitoring"-Funktion, die die Informationen zum Systemzustand oder -fortschritt bereitstellt.

b) In weiterer Folge muss ein System von Selbst-Bildern inkludiert sein, um die Natur, Vergangenheit, Tendenzen und Präferenzen des Systems zu beschreiben (also ein Selbst-System).

c) Kompetenzen und Strategien, um den gegenwärtigen Status, die momentane Aktivität im Hinblick auf einen neuen Zustand zu modifizieren, werden benötigt.

Angelehnt an das Entwicklungsmodell von PIAGET legt DEMETRIOU eine Tabelle mit Entwicklungsschritten von Verstand, Selbstbild und Selbststeuerung bis zur Adoleszenz vor. In seinem Modell (s. Abb. 11) versucht er, mehrere Theorien der Psychologie zu vereinen.

Dabei unterscheidet DEMETRIOU (2005) sieben hierarchische Ebenen der Persönlichkeit und des Selbst-Systems, die mit den drei Ebenen der kognitiven Architektur[37] korrespondieren. Damit vereint diese Architektur die dynamischen Komponenten (das sind motivationale und emotionale Aspekte) der Persönlichkeit, die kognitiven Komponenten der Repräsentation und die Handlungsprozesse in einem komplexen Netzwerk.

---

36 Beispiele wären: Minderwertigkeit vermeiden wollen, nicht dumm schauen, nicht der Schlechteste in der Klasse sein wollen usw.

37 a) umfeldorientierte, domänenspezifische Strukturen; b) Kontrollstrukturen höherer Ordnung (hyperkognitives System); c) Prozesse und Funktionen für die Informationsverarbeitung (bzw. Darstellung der Interaktionen zwischen erster und zweiter Ebene).

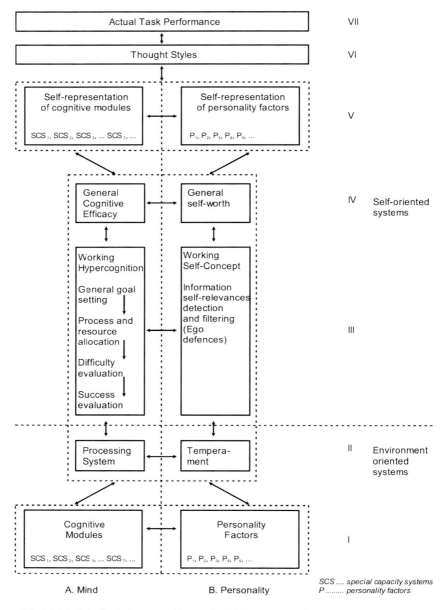

Abb. 11 Model of mind, personality, and self (DEMETRIOU 2005: 213)

3.7 WYGOTSKIsche und sozial-konstruktivistische Sicht von Selbststeuerung

WYGOTSKIs Theorien unterscheiden sich von anderen vor allem dadurch, dass er die sprachliche Ebene bei der Entwicklung der Selbststeuerung bei Kindern sowie bei der Funktion der inneren Sprache stark betont (vgl. ZIMMERMAN 2006). Die innere Sprache kann nach ROHRKEMPER (1989) als Funktion der Selbststeuerung gesehen werden, ausgestaltet durch „emergent interaction" mit dem sozialen bzw. instruktionalen Umfeld. Dem adaptiven Lernen liegen eine „emergent interaction" zwischen dem sich entwickelnden Individuum und dem vielfältigen sozial-instruktiven Umfeld zugrunde – und die Chance, das eigene Wissen durch die Anwendung und Verbesserung von selbststeuernden Strategien zu bilden oder zu erweitern. Das adaptive Lernen beginnt im interpersonalen, sozialen Umfeld. Diese WYGOTSKI-Perspektive fordert die Lehrenden heraus – nicht nur bei der Wahl der Aufgabenstellungen, die adaptives Lernen ermöglichen sollen, sondern auch bei der Auswahl des sozial-instruktionalen Umfeldes. Dieses soll nicht nur einfach Lernort sein, sondern ein integrierender Bestandteil des Lernprozesses und soll deshalb viele Lernchancen bieten.

Der Hauptbegriff im Sozialkonstruktivismus „emergent interaction" beschreibt bei ROHRKEMPER (1989) die Dynamik, wenn ein Kind das wichtige soziale bzw. instruktionale Umfeld, die interpsychologische, kulturelle Welt internalisiert und mit seiner eigenen Erfahrungswelt und seinen natürlichen Entwicklungsprozessen in Einklang bringt. In anderen Zusammenhängen wird unter einem „emergent interaction system" verstanden, dass das wahrgenommene Verhalten der Mitglieder wieder als Feedback in das System einfließt, was sich wiederum auf das Verhalten der Mitglieder auswirkt – ein dynamischer Prozess also!

Die Grundlage des Konstruktivismus wird von BAUMGARTNER und PAYR (1999) mit der erkenntnistheoretischen Auffassung erklärt, dass sich die Realität nicht objektiv erklären und beschreiben lässt. Es wird nicht bestritten, dass „da draußen" unabhängig vom Beobachter eine Realität existiert. Deren Wahrnehmung unterliegt jedoch immer subjektiven Einflussfaktoren.

Die Erkenntnis bedarf eines Subjekts, damit existiert eine Verbindung zwischen Subjekt und Objekt mit gegenseitiger Beeinflussung (vgl. BAUMGARTNER et al. 2004; SIEBERT 2006).

Der zentrale und gemeinsame Kern verschiedener konstruktivistischer Richtungen besteht daher in der These, dass die äußere Welt nicht direkt und voraussetzungsfrei erkannt werden kann; vielmehr beruht jeder Wahrnehmungs-, Erkenntnis- und Denkprozess notwendig auf den Konstruktionen eines Beobachters. Was der Einzelne als Wirklichkeit erlebt, ist also individuell und/oder sozial konstruierte Wirklichkeit. (REINMANN 2005: 155)

ROHRKEMPER (1989) betont die interpersonellen[38] Ausprägungen und Sozialisationsprozesse wesentlich stärker als die bisher aufgelisteten Modelle dies tun. Sie spricht deshalb mehr vom adaptiven[39] Lernen. Nach Ansicht der WYGOTSKI-Anhänger und in weiterer Folge des sozialen Konstruktivismus[40] spiele das soziale Umfeld eine sehr wichtige Rolle bei der Entwicklung des adaptiven Lernens. Eltern, Lehrer, Mitschüler und Aufgaben beeinflussen die Lernenden und diese beeinflussen umgekehrt wieder ihr soziales Umfeld. Intrapersonale Konsequenzen in einer gegenwärtigen Lernsituation stehen ihrer Meinung nach mit früheren oder laufenden interpersonellen Einflüssen in Zusammenhang. Auf das Signalsystem erster und zweiter Ordnung von PAWLOW[41] aufbauend, proklamiere WYGOTSKI zwei unterschiedliche Funktionen der Sprache:

a) Kommunikation mit anderen („dialogue") und
b) Steuerung des eigenen Verhaltens („self-direction").

Das soziale Umfeld stelle dabei die Quelle der selbststeuernden inneren Sprache dar. "Inner speech, then, is the opposite of external speech. External speech involves turning thought into words, whereas inner speech involves

---

38 Inter – lat. zwischen, inmitten; intra – lat. innerhalb; personell – frz. das Personal betreffend; personalis – lat. persönlich.

39 Adaptare – lat. anpassen

40 LEW SEMJONOWITSCH WYGOTSKI war ein russischer Psychologe am Anfang des 20. Jh. und bekennender Marxist. Unter diesem Einfluss stehen auch seine Ideen der sozialen Vermittlung von Lernen bzw. der Rolle der Bewusstheit. Im sozialen Konstruktivismus spielt die soziale Interaktion (beispielsweise zwischen Lernern oder zwischen Lehrenden und Lernenden) eine große Rolle; das menschliche Wissen ist letztlich sozial konstruiertes Wissen. – Vgl. auch ROHRKEMPER (1989); Artikel „Lew Semjonowitsch Wygotski" in *Wikipedia*.

41 Unter dem Signalsystem 1. Ordnung („first signal system") versteht Pawlow die Wahrnehmung und bedingte Reflexe. Unter dem Signalsystem 2. Ordnung („second signal system") meint er die Sprache, sie unterscheidet uns von der Tierwelt. Die Wurzel dafür liegt bei MARX und ENGELS und ihrer Annahme der Sprachentwicklung des Menschen (vgl. auch ROHRKEMPER 1989).

turning words into thought" (ROHRKEMPER 1989: 146). Indem wir mithilfe des sprachlichen Signalsystems die Umwelt meistern, steuern wir auch uns selber. WYGOTSKIs Theorie der „Zone der proximalen Entwicklung"[42] wurde in Lehr- und Lerntheorien aufgenommen. WYGOTSKI definiert damit die Diskrepanz zwischen dem, was ein Lernender alleine bewältigen kann, und dem, was er nur mithilfe von anderen (Lehrenden, Eltern, Mitschülern) erledigen kann. Das sog. „Scaffolding"[43] ist beispielsweise ein wichtiger Teil beim Instruktions- bzw. Kontextdesign des „Cognitive Apprenticeship"[44] und nimmt sich genau dieses Problems an.

Bei der Selbststeuerung unterscheidet ROHRKEMPER (1989) zwei Arten der inneren Sprache, nämlich

- Selbststeuerung durch aufwertende motivationale und affektive Äußerungen („self-involved") und
- Aufgabenkontrolle durch Problemlösen, strategische Anleitungen und Veränderung der Aufgabe, wenn nötig und möglich („task-involved").

Beide zusammen ermöglichen adaptives Lernen, indem die Lernenden die Aufgabe oder sich selbst verändern können und indem sie Tätigkeiten initiieren oder transformieren. In weiterer Folge zeigen Studienergebnisse nach ROHRKEMPER (1989), dass sich die Lernenden unterscheiden,

a) was den Fluss der inneren Sprache betrifft,

b) was die Gewandtheit in der Anwendung der aufgabenorientierten Strategien betrifft

c) und in den affektiven und motivationalen Strategieanordnungen im Hinblick auf das Durchhaltevermögen.

Schlussendlich weist sie noch auf den Zusammenhang zwischen Aufgabenschwierigkeit und innerer Sprache hin: Ist die Aufgabe zu leicht, sei keine anspruchsvolle Denkarbeit gefordert, und so entstehe auch keine innere

---

42 Proximus – lat. der Nächste

43 Scaffolding – engl. das Gerüst. „Kann der Lernende Aufgaben nicht allein bewältigen, hilft ihm der Lehrende durch Tipps und Hinweise, wobei es wichtig ist, dass der Lehrende den Wissens- und Könnensstand des Lernenden möglichst gut einschätzen kann" (REINMANN 2005: 195).

44 Das Modell der „kognitiven Meisterlehre" wurde von Collins, Brown und Newman in Anlehnung an die traditionelle Handwerkslehre entwickelt. Zunächst wird der Lernende stark unterstützt (indem z. B. die verdeckten kognitiven Prozesse beim „Modeling" offengelegt werden), um ihn dann Schritt für Schritt in die Selbstbestimmtheit und ins exploratorische Lernen zu entlassen (vgl. auch REINMANN 2005).

Sprache. Ist die Aufgabe zu schwierig und außerhalb der persönlich ein-
geschätzten Erreichbarkeit, entfalle die innere Sprache auch zum Teil, weil
der Lernende keine angemessenen Strategien kennt, die das Problem zugänglich und lösbar machten. Ein mittleres Anforderungslevel begünstige sowohl
die „self-involved" als auch die „task-involved inner speech".

3.8   Kognitiv-konstruktivistische Perspektive des selbstgesteuerten Lernens

Kinder erhalten eine Menge an Informationen über ihre Begabungen, über
die Art der schulischen Aufgaben und über die Art und Weise, wie sie ihre
Anstrengungen und Strategien handhaben können, um spezifische Ziele zu
erreichen (vgl. PARIS/BYRNES 1989). Eine wesentliche Aufgabe der Entwicklung ist es jedoch, die Informationen über die verschiedenen Komponenten des selbstgesteuerten Lernens zu integrieren. Aus kognitiv-konstruk-
tivistischer Sicht erkennen Kinder in der frühen Adoleszenz ihre Begabungen
und Schwächen (im schulischen Lernen) und zeigen strenge Präferenzen,
ihren Fleiß dort zu investieren, wo am wenigsten Risiko oder Gefahr für
ihren Selbstwert besteht und wo es am erfolgversprechendsten ist. Fehler
sind fundamental für jede konstruktivistische Darstellung von Kognition, da
sie für die Lernenden die Chance der Fehlererkennung beinhalten sowie eine
sofortige Korrektur ihres Verständnisses ermöglichen. Reflexion bzw. Metakognition bieten Lernenden die Möglichkeit, die eigenen Verhaltensweisen
zu klären. Mit der Entwicklung des metakognitiven „Monitorings" können
Kinder auch ihr Lernen effektiver beobachten und sich realistische Ziele
setzen. Alle konstruktivistischen Kognitionszugänge betonen die Verinner-
lichung von Handlungen, die aus Erfahrung und sozialer Führung abgeleitet
sind; deshalb werden Theorien über selbstgesteuertes Lernen in sozialen
Interaktionen mit anderen Menschen ko-konstruiert. Die direkte Instruktion
und Erklärung von Lernstrategien stellt eine Möglichkeit dar, Kindern zu
helfen, ihre unfertigen oder fehlerhaften Annahmen zu modifizieren. Eine
andere Möglichkeit zeigt sich im „Peer-Tutoring" sowie in Dialogen über das
Lernen. Auch das kooperative Lernen ist eine innovative Möglichkeit der Instruktion, bedingt durch die kooperative Dynamik von Gruppendiskussion,
Argumentation und Ko-Konstruktion von adäquaten Lernstrategien. Effek-

tive Instruktionsmethoden müssen zu den Lernenden passen, sodass sie ihre Ansichten über das Lernen erweitern können und für sie bedeutungsvoll sind.

An dieser Stelle folgen noch einige Ergänzungen zur einleitenden Erklärung des Konstruktivismus (vgl. S. 57). In der traditionellen Erkenntnistheorie steht das zu Erkennende, der Gegenstand der Erkenntnis im Zentrum, in der konstruktivistischen Erkenntnistheorie kommt dem Erkennen selbst die höchste Aufmerksamkeit zu, der Art und Weise, wie der Einzelne erkennt. Aufgrund der aktiven Rolle des Erkennenden ist eine objektive, intersubjektiv[45] gültige Erkenntnis vom Erkenntnisgegenstand nicht gegeben, das ist zugleich das Kernproblem der Epistemologie[46]. Das Ergebnis des Erkenntnisvorganges sind keine „Ab-Bilder", sondern kognitive Konstruktionen.

Alle am Wahrnehmen und Erkennen beteiligten Prozesse sind von konstruktivistischem Interesse, vor allem Kognition und Sprache. Die Sprache ist ein entscheidendes Instrument des Denkens und Erkennens (vgl. dazu VIERECKE 2006; ÖTSCH i. Dr.). Kognitiver Konstruktivismus geht davon aus, dass menschliches Verhalten von kognitiven Prozessen gesteuert bzw. durch sie zu erklären ist. Der Mensch kann beispielsweise selbstständig Informationen aufnehmen und verarbeiten, Handlungen planen, ausführen, bewerten, … Nach SIEBERT (2005) ist der kognitive Konstruktivismus immer auch ein sozialer Konstruktivismus, weil wir unsere Wirklichkeit gemeinsam mit anderen und in unserer sozialen Umwelt konstruieren.

Zu den historischen Vorläufern gehört die Gestaltpsychologie, die die Wahrnehmung des Ganzen, des Ganzheitlichen im Fokus hat. Von Interesse ist die Anordnung der zugrunde liegenden Gegebenheiten (vgl. BLANKERTZ/DOUBRAWA 2005). In diesem Zusammenhang muss auch der Schweizer Entwicklungspsychologe JEAN PIAGET erwähnt werden. Er distanzierte sich mit seiner Epistemologie bewusst vom klassischen Behaviorismus (vgl. S. 34) seiner Zeit. Neben seinem Modell der Entwicklungsstufen stehen die beiden komplementären Begriffe Assimilation[47] und Akkommodation[48] im

---

45 Der lat. Begriff intersubjektiv bedeutet in der Psychologie: dem Bewusstsein mehrerer Personen gemeinsam.

46 Das gr. Wort epistéme bedeutet: Erkenntnis, Wissen, Wissenschaft; Epistemologie ist also die Wissenschafts- bzw. Erkenntnistheorie.

47 Anpassung des eigenen Verhaltens an die Außenwelt, an ein vorhandenes Schema (assimilare – lat. angleichen); Integration.

Zentrum seiner Theorie. Sie sind Adaptionsaspekte der kognitiven Anpassung eines Individuums an seine Umwelt, wobei durch den Organismus eine Äquilibration[49], also ein Gleichgewicht, dieser beiden Prozesse angestrebt wird.[50] ERNST VON GLASERSFELD, Begründer des radikalen Konstruktivismus, beruft sich bei der Überwindung des Kernproblems „erkennen wollen, was außerhalb der Erlebniswelt liegt" auf PIAGET und meint: "On the other side is Piaget's constructivism, for which all science is the product of a thinking mind's conceptualization. From this perspective, knowledge does not 'represent' or depict an independent reality but is a collection of inventions that happen to fit the world as it is experienced" (GLASERSFELD 1997; Artikel „Radikaler Konstruktivismus" in *Wikipedia*).

PARIS und BYRNES (1989) schlagen sechs Prinzipien im Hinblick auf selbstgesteuertes Lernen in der Schule vor, die den verschiedenen konstruktivistischen Strömungen gerecht werden sollen:

a)   Es gibt eine intrinsische Motivation des Kenntnisstrebens. Menschen versuchen, die Diskrepanzen zwischen den Informationen, mit denen sie konfrontiert sind, und ihrem Verständnislevel in Einklang zu bringen.

b)   Verstehen geht weiter als die gegebenen Hinweise (Zeichen-, Figurensprache), blickt hinter die vorhandenen Informationen. Deduktives und induktives Schließen entwickeln sich im Laufe des „Schullebens".

c)   Mentale Repräsentationen[51] verändern sich im Laufe der Entwicklung. Dies reicht von sensomotorischen Repräsentationen und Empfindungen über symbolische und bildhafte Vorstellungen, die mit dem ursprünglichen Reiz eine physikalische Ähnlichkeit aufweisen, hin zu „Lehrsätzen" oder sprachlichen Repräsentationen. Und schließlich können dies abstrakte und auf willkürlichen Zeichen und Formeln beruhende, symbolisch logische oder grafische Illustrationen sein.

---

48 Anpassung der Außenwelt an das eigene Verhalten, Erweiterung eines bestehenden Schemas, um es mit der neuen Erkenntnis in Einklang zu bringen (accommodare – lat. anpassen); Modifikation.

49 Aequilibritas – lat. Gleichgewichtsgesetz; PIAGET versteht in seiner Entwicklungspsychologie darunter die selbstregelnden Anpassungsprozesse des Organismus an seine Umwelt (durch Assimilation und Akkommodation), die Aufhebung des inneren Spannungszustandes durch Selbstregulierung.

50 Vgl. auch Artikel „Jean Piaget" in *Wikipedia*.

51 Erfahrungen werden abstrahiert und als mentale Darstellungen/Vorstellungen gespeichert – manche generalisierend, manche spezifisch.

d) Verstehen ist niemals endgültig, sondern wird progressiv auf verschiedenen Verständnisstufen verbessert. Es herrscht eine konstante Äquilibration zwischen dem derzeitigen Wissensstand und neuem Input, ausgelöst durch intrinsische Reorganisation bzw. Reflexion oder durch physikalische Erfahrungen, soziale Lenkung bzw. neue Informationen.

e) Beim Lernen gibt es entwicklungsmäßige Grenzen – trotz kognitiver Bereitschaft. Die Hemmnisse entstehen wegen mangelnder Kenntnisse oder nach WYGOTSKI als „Zone der proximalen Entwicklung" (s. S. 59).

f) Reflexion und Rekonstruktion regen das Lernen an. Die primäre Betonung liegt auf der intrinsischen Motivation, das eigene Ich, das Verhalten oder das Wissen zu überprüfen. Aber auch die soziale Lenkung und direkte Instruktion von anderen sind wichtig.

Die beherrschende Metapher PIAGETscher Theorie charakterisiert Kinder als junge Wissenschaftler, die Hypothesen formulieren und an der Welt testen (vgl. PARIS/BYRNES 1989). Dabei sind beide Komponenten einer Theoriebildung wichtig:

- die Wissenskomponente, das sind Konzepte über sich selbst, über die Schule, über Lehrende, über das Fach Mathematik usw.

- sowie die Handlungskomponente, das sind Prozeduren der Datengewinnung, Problemlösung, Hypothesen formulieren und testen etc.

Dies scheint auch ein brauchbarer Rahmen für selbstgesteuertes Lernen zu sein, auch wenn PARIS und BYRNES „ideale" Schülerinnen und Schüler vor Augen haben und meinen:

> Einige Schüler dürsten nach Lernen. Sie suchen Herausforderungen und überwinden Hindernisse teilweise mit Durchhaltevermögen und teilweise durch einfallsreiche Problemlösestrategien. Sie setzen realistische Ziele und wenden eine Fülle von Ressourcen an. Sie nähern sich schulischen Aufgaben mit Zutrauen und Zielsetzung. Diese Kombination von positiven Erwartungen, Motivation und diversen Problemlösestrategien sind die Tugenden von selbstgesteuerten Lernern. (PARIS/BYRNES 1989: 169; Übersetzung d. Verf.)

Nach PARIS und BYRNES (1989) betrachten kognitive Konstruktivisten die Selbststeuerung als vielfältig und aus mehreren Theorien bestehend. Kinder hätten eine allumfassende Theorie von selbstgesteuertem Lernen, die folgende vier Theorien beinhalte (s. Abb. 12):

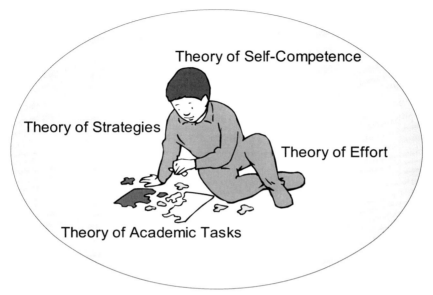

Abb. 12 Overarching Theory of Self-Regulation

Im Folgenden seien die vier Theorien kurz erklärt (vgl. PARIS/BYRNES 1989):

a) „Theory of Self-Competence": Obwohl viele Attribute für das Selbstkonzept von Kindern wichtig sind, sind es bezüglich ihrer Auffassung von den schulischen Kompetenzen vor allem die Attribute Begabung („ability"), Wirkung („agency"; vgl. auch Selbstwirksamkeit von BANDURA [1995b; 1997]) und Einflussnahme auf die gewünschten Ergebnisse („control"). Diese Auffassungen können sich in der Kindheit durch viele Einflussfaktoren stark verändern, verfestigen sich aber in der Jugend.

b) „Theory of Effort":[52] Kinder sind vorerst noch der Überzeugung, dass Fleiß und Begabung direkt proportional sind. Nach einigen „Rückschlä-

---

52 Ungefähr ab Ende der Grundschulzeit stellen Kinder häufig fehlerhafte Beziehungen zwischen Fleiß und Erfolg her – z. B. ist Erfolg bei großer Anstrengung ein Zeichen minderer Begabung (vgl. auch „Streber" als Schimpfwort!). Versagen, als Folge von geringer Begabung zugeschrieben, erzeugt beim Betreffenden Schamgefühle und bei den anderen Menschen Mitleid. Versagen als attribuierte Folge von geringem Fleiß führt zu Schuldgefühlen beim Betreffenden und zu Wutgefühlen bei den anderen. In weiterer Folge sind der „Self-Serving-Effekt" (Erfolg schreibe ich mir zu, Misserfolg

gen" sind sie dann kurz vor Eintritt ins Jugendalter der Meinung, dass jeder Mensch ein fixes Intelligenzlevel hat, welches von der Anstrengung unberührt bleibt. Erst später beginnen sie ökonomisch mit den Begriffen Begabung und Fleiß umzugehen, indem sie sich von Fall zu Fall überlegen, was sie erreichen wollen und wie viel sie bereit sind, dafür zu investieren.

c) „Theory of Academic Tasks": Bei der Betrachtung der schulischen Aufgaben geht es einerseits um die Ziele und andererseits um die Struktur. Nachdem Kinder häufig die höheren Ziele, die hinter Lesen, Schreiben und Rechnen stehen,[53] nicht erfassen können, setzen sie sich „task-involved goals", z.B. Abhaken von Aufgaben, und „ego-involved goals", beispielsweise sozialer Vergleich, besser sein als … Häufig steht das Erledigen von Aufgaben, ein gewisser Minimalismus und oberflächliche Beteiligung über der eigentlichen Absicht von Schule, nämlich gedankenvolle Auseinandersetzung mit dem Stoff bzw. lernen. Bei der Struktur schulischer Aufgaben ist es häufig so, dass die Aufgaben voraussagbar sind, Kinder lernen dies im Laufe ihrer Schulzeit. Die Aufgaben lassen sich meist mit Routineprozeduren fassen, d.h. nach gleichlautenden Problemstellungen suchen und nach einem Algorithmus lösen.

d) „Theory of Strategies": Selbstgesteuertes Lernen geschieht mit Absicht und ist erfindungsreich: Die Lernenden müssen dabei eine breite Palette von Strategien, z.B. Informationsverarbeitung, Zeitmanagement, Motivation, Affekt usw., selbstständig einsetzen. Die Strategien sind wohlüberlegte Aktionen, um bestimmte Ziele zu erreichen. Sie werden von der Person ausgedacht bzw. erzeugt und schließen Wirksamkeit und Steuerung mit ein (vs. Einhaltung und gedankenlose Erfüllung von Regeln). Die Strategien sind selektiv, werden flexibel angewandt und erfordern kognitive Fähigkeiten und einen motivierten Wunsch bzw. Willen. Häu-

---

den anderen oder äußeren Umständen), „Erlernte Hilflosigkeit" (als Folge von wiederholtem Versagen, geringer Erfolgserwartung, zu hohem Schwierigkeitsrad oder hoher Angst wird ein negativer Zustand nicht verändert, obwohl er – von außen gesehen – abgestellt werden könnte), Effekte des Klassenklimas und erzieherische Dynamik (wer vom Lehrenden gelobt wird, ist intelligent, wessen Arbeit kritisiert wird, der ist faul) sowie der Effekt der Hilfe durch Lehrer (wer Hilfe von Lehrenden anfordert, setzt einen negativen Indikator für die Begabung) beschrieben.

53 beispielsweise Lesen als Bedeutungskonstruktion aus einem Text, Schreiben als Regelarrangement für Selbstentfaltung, Mathematik als Beziehung zwischen den Zahlen

fig sind Strategien sozial unterstützte Taktiken zur Problemlösung, die sich dann verselbstständigen; das Ziel ist Automation und Transfer auf möglichst viele Situationen, also eine Generalisierung. Strategien werden vom Kleinkindalter an stetig entwickelt und sind zielabhängig, instrumentell und unterstehen dem Einfluss von persönlichem Einsatz und individueller Wirkung. Kinder entwickeln ein Bewusstsein darüber, was Strategien sind (deklaratives Wissen, „what"), sie lernen zu verstehen, wie sie Strategien anwenden müssen (prozedurales Wissen, „how") und sie entwickeln ein Verständnis, wann sie warum welche Strategien verwenden müssen (konditionales Wissen, „when" und „why"). Aber strategisches Verhalten impliziert mehr als simples Wissen um Taktiken und Metakognition von Strategien. "Children's theories of strategies must be joined with their theories of self-competence, effort, and academic tasks in order to be manifested in self-regulated learning" (PARIS/BYRNES 1989: 185).

3.9   Conclusio und Resümee

3.9.1   Conclusio

SGL als ein aktiver und konstruktiver Prozess der persönlichen Wissensaneignung ist verschiedenen Strömungen gemeinsam. Dabei steht der Lernende mit seinen Emotionen und Bedürfnissen, seinen „traits" (Eigenschaften, Stimmungen) und „states" (Ausstattung, konkrete Zustände) im Zentrum der Aufmerksamkeit. Alle Modelle unterstellen den Lernenden, dass sie potenziell gewisse Aspekte der eigenen Kognition, Emotion, Motivation, des Verhaltens und des Umfeldes beobachten, steuern und regeln können. Mit dem Kompetenzerwerb im Lauf des Lernprozesses ändert sich auch die Handlungsfähigkeit des Individuums seine Ziele und Strategien betreffend. Als Novizen und Anfänger benötigen die Lernenden große Unterstützung von außen (Lehrende, Eltern, Experten), mit den wachsenden Fähigkeiten und Kenntnissen kann die Unterstützung in der Phase der Kompetenten und Gewandten immer mehr zurücktreten, um schließlich mit Erreichen des Expertenzustandes völlig zu verschwinden (vgl. BAUMGARTNER/HÄFELE

2002). Das Konzept des „Scaffolding und contingent tutoring"[54] (vgl. auch S. 59) wurde aus dyadischen[55] Lernsituationen abgeleitet und sagt im Prinzip aus: Wenn beim Lernenden Schwierigkeiten auftreten, bietet der Betreuer Hilfe an. Wird die Schwierigkeit nicht gelöst, wird erweiterte Hilfestellung angeboten, bis die Hürde genommen ist. Sobald vom Lernenden Kompetenzen erworben werden, zieht sich der Lehrende zurück und überträgt dem Lernenden mehr und mehr Verantwortung (WOOD 2001). Mit diesem Anwachsen von Erfahrung und Kenntnissen steigt die Fähigkeit zur Selbstkontrolle – auch über die Lernsituation. Diese Selbststeuerung ist ein Konzept, welches laufend im Fluss ist.

An Lernstrategien werden solche kognitiver Art, metakognitiver Art und ressourcenbezogene unterschieden (vgl. auch SCHIEFELE/PEKRUN 1996). Die kognitiven vereinen Wiederholung, Elaboration und Organisation, während sich die Metakognition auf Planung, Überwachung und Regulieren bezieht. Die Gestaltung der Lernumgebung, gemeinsames Lernen, Hilfe suchen, zusätzliche Unterlagen beschaffen – all das fällt in den Bereich externe Ressourcen. Hohe Anstrengung und vermehrte Zeitinvestition sind interne Faktoren eines Ressourcenmanagements. Die ressourcenbezogenen Strategien vermischen sich teilweise mit den kognitiven und metakognitiven Strategien.

Wie BAUMGARTNER et al. (2004) mit ihren prototypischen Lehrparadigmen vorschlagen, ändert sich die Rolle der Lehrenden (Transfer → Tutor → Coach) mit der aufsteigenden Bezeichnung Lehren I, II und III. Dies impliziert eine Zunahme der Eigenaktivität der Lernenden und korreliert beim institutionalisierten Lernen sicher auch mit dem Alter der Lernenden bzw. mit der Dauer des Lernprozesses. Interessant sind auch ihre Aussagen über das Handlungswissen:

- „Knowing-in-action" – Routinehandlung
- „Reflection-in-action" – Korrektur und Handlung verschmelzen
- „Reflecting-in-practise" – Handlung und deren Reflexion im gesellschaftlichen Zusammenhang, in der Praxis.

Es reicht noch nicht, Handlungswissen aufgebaut zu haben – geschweige denn, über die Handlung zu sprechen („Knowing-on-action") –, es muss reflektiert („Reflecting-on-action), angepasst, verbessert und verändert und zur Routine werden.

---

54 Contingens – lat. zufällig; contingent tutor – Betreuer, der situationsabhängig Hilfe anbietet

55 Dyadisch – gr. zweiteilig; also Lernender und Tutor (Lehrender, Elternteil, Computer)

„Für eine effektive Selbststeuerung des Lernens ist es erforderlich, dass die Lernenden ein umfangreiches Strategierepertoire zur Verfügung haben, aus denen [sic!] die für den jeweiligen Anwendungskontext passende Strategie ausgewählt werden kann" (LANG/PÄTZOLD 2006: 19). Vor allem bei den früheren Ansätzen besteht die Gefahr, kognitiven Aspekten zu viel Gewicht beizumessen. Umfangreiches deklaratives Wissen über Lernstrategien führt nicht automatisch zur Anwendung und zu selbstgesteuertem Lernen. „Bei der Untersuchung selbstregulierter Lernprozesse müssen daher neben (meta-) kognitiven vor allem auch motivational-emotionale Komponenten der Lernprozesse berücksichtigt werden" (Deutsches Pisa-Konsortium 2000: 3). Selbststeuerungs-„Skills" haben wenig Wert, wenn das Individuum sich nicht motivieren kann, sie einzusetzen (vgl. ZIMMERMAN 2005). Es wurde gezeigt, dass die folgenden motivationalen Kräfte die treibenden für die Selbststeuerung sind (vgl. SCHUNK/ERTMER 2005):

- Selbstwirksamkeit – eigene Fähigkeiten beurteilen, um eine Aufgabe auszuführen;
- „task value beliefs" – Wichtigkeit von, Interesse an, Wert von Aufgaben;
- Zielorientierung – inwieweit ist jemand extrinsisch motiviert, beispielsweise über Noten; inwieweit hat jemand den sozialen Vergleich mit anderen als Ziel; inwieweit will jemand die Aufgabe meistern oder lernen an und für sich.

Defizite in der Selbststeuerung können Folgendes betreffen:
a) Motive – z. B. Vermeidungsaktivitäten, schnell fertig sein wollen;
b) Methoden – z. B. Wahl ineffektiver Strategien;
c) Erwartungen – wie zu leichte Ziele setzen, die nicht herausfordern;
d) Hilfsmittel – beispielsweise nicht Hilfe suchen, wenn man sie benötigt.

Solche Probleme entstehen, wenn die Lernenden zu wenig Wissen über effektive Selbststeuerungsprozesse haben oder der Meinung sind, dass ihre Herangehensweise gut genug ist (vgl. SCHUNK/ERTMER 2005). Dysfunktionen im Bezug auf die Selbststeuerung haben nicht nur große schulische Auswirkungen, sondern können (!) beispielsweise auch weitreichende gesundheitliche Effekte wie chronische Krankheiten, Gewichtsprobleme, Alkohol und Drogen usw. mitverursachen bzw. verstärken. Psychische Probleme, z. B. Apathie und Desinteresse oder Stimmungsschwankungen, und Lernbehinderungen, z. B. kognitive Probleme, hemmen die Selbststeuerung und vice versa (vgl. ZIMMERMAN 2005).

Allerdings darf nicht verschwiegen werden, dass alle vorgestellten Modelle westlicher oder europäischer Philosophie oder deren Werthaltungen entsprungen sind und somit die Betonung auf Attributen wie individuell, persönlich, Selbstkontrolle usw. liegt. In Wirklichkeit betrifft diese Sichtweise aber nur einen eingeschränkten Personenkreis und lässt die kollektive bzw. kommunale Sichtweise[56] außerhalb ihres Blickwinkels (vgl. JACKSON/ MACKENZIE/HOBFOLL 2005; PINTRICH 2005). So meint auch DEMETRIOU (2005: 245): "Humans are social creatures: They understand and regulate each other as much as they understand and regulate themselves." Bei der Optimierung des SGL müssen sich die Lernenden der Tatsache bewusst sein, dass ihre Selbststeuerungsversuche in einem sozialen Kontext stattfinden, dass Personen und soziale Ziele und Werthaltungen sich verändern. „Der Konstruktivismus bietet keine Methode, aber eine Haltung zur Förderung selbstbestimmten Lernens", so bringt es REINMANN-ROTHMEIER (2003: 13) auf den Punkt. Lehren ist demzufolge die Anregung eines Subjekts, seine konstruierte Wirklichkeit zu prüfen und entsprechend anzupassen.

3.9.2 Resümee

Im Kapitel 3 wurden die verschiedenen Blickrichtungen auf das SGL dargelegt. Alle Zugänge unterstellen bestimmte Ziele oder Standards bzw. Vergleichskriterien, auf die hin die Anstrengungen der Lernenden ausgerichtet sind. Während die einen Forscher die Meinung vertreten, es handle sich eher um ein autonomes Regelungssystem kognitiver Art,[57] sind andere der Meinung, dass viele Regelungskreisläufe kognitiver, emotionaler und motivationaler Art im Menschen zusammenwirken bzw. interpersonal in Abhängigkeit stehen. Konkurrierende Ziele bestimmen das Verhalten der Lernenden, wie z.B. schulischer Erfolg, persönliche Bestätigung, fremde Wertschätzung, persönliche „Entdeckungen" oder soziale Akzeptanz. Es bestehen große individuelle Unterschiede, sich auf SGL einzulassen (vgl. UNDERWOOD/ BANYARD 2005).

---

56 Diese erachtet Standards und Normen, interpersonale Interaktionen mit dem sozialen Umfeld als vorherrschende Determinanten für das Verhalten.

57 technischer Vergleich: Thermostat (heizen, kühlen); kognitiver Vergleich: anstrengen, ein bestimmtes Niveau zu erreichen und zu halten

Beim *operanten Ansatz* ist das entscheidend für das Lernen, was nach dem Verhalten (Lernereignis) passiert. Verstärker erhöhen die Auftretenswahrscheinlichkeit, deshalb setzt die externe Lernsteuerung auch beim Verstärkungsprinzip an, z. B. Lob des Lehrers für eine gute Leistung. Die Verstärkung muss jedoch nicht extrinsisch sein, sondern kann von Individuen auch selbst übernommen werden. Die Selbststeuerungstechniken setzen sich aus Beobachtung, Instruktion, Verstärkung und Stimulus- bzw. Umfeldkontrolle zusammen.

Die *phänomenologische Perspektive* betont die subjektive Auffassung von Lernenden von ihrer sozialen und physikalischen Umwelt stärker als die objektive Natur dieser Erscheinungen. Die „Selbst-Auffassungen" sind der Schlüssel für eine erhöhte Selbststeuerung. Deshalb muss eine wesentliche Aufgabe der Lehrenden darin bestehen, Hilfestellung bei der Verbesserung von „Selbst-Auffassungen" zu geben. Das Selbstsystem (Überzeugungen und Wahrnehmungen) kann Kognition, Affekt, Motivation und das Verhalten in Lernsituationen lenken und steuern. Die Prozesse dabei sind Bewusstheit, Evaluation und Beurteilung. Die Selbststeuerungskette beginnt mit dem Stecken von Zielen, die persönlich ausgewählt und nach persönlicher Wichtigkeit geordnet sind. Dann folgt die individuelle Planung und Strategiewahl zur Zielerreichung und schließlich die Handlungsdurchführung und Bewertung. Dies alles setzt aber metakognitives Wissen voraus.

Bei der *sozial-kognitiven Sichtweise* wird das SGL als zyklischer Prozess angesehen, bei welchem Person, Verhalten und Umfeld interagieren. Die Teilprozesse der Selbststeuerung (Beobachtung, Vergleich oder Bewertung und Reaktion oder Ausführung) verändern sich im Lauf der Entwicklung. Auch das Feedback auf frühere Lernhandlungen fließt in die Anpassung des aktuellen Strategieeinsatzes ein und in einem Multilevel-Prozess wird die Selbststeuerung zunehmend optimiert, bei gleichzeitiger Reduktion der sozialen Unterstützung. Lernen als Verhaltensänderung durch einfließende Erfahrungen kann enaktiv oder vikariierend im Sinne von Beobachtungslernen sein. Die Folgen eines Verhaltens sind wiederum Informations- und Motivationsquelle, Handlungen mit positiven Konsequenzen werden eher beibehalten und erfolglose Handlungen werden eher aufgegeben. Das Selbstwirksamkeitskonzept spielt hier eine wesentliche Rolle.

Die *informationsverarbeitende Sichtweise* sieht die Selbststeuerung als hierarchisches Ordnen von Zielen und spiralförmiges Weiterschreiten von einem Basislevel zu höheren Ebenen. Dafür ist metakognitives „Monitoring" erforderlich.

Der *volitionale Standpunkt* erkennt die Volition als Schutz der Motivation, der gebildeten Absicht an und hält sie für entscheidend bei der Handlungsausführung. Viele Subprozesse sind dabei verdeckt, wie z. B. jene kognitiver Art (Aufmerksamkeits-, Enkodierungs- und Informationsverarbeitungskontrolle). Auch Emotions- und Motivationskontrolle laufen als verdeckte Prozesse ab, nur die Umfeldkontrolle stellt offene Prozesse dar. Situationen, Handlungen, Ziele und Konsequenzen werden von Erwartungshaltungen geprägt.

Die *systemtheoretischen Überlegungen* führen verschiedene Theorien aus der Volitions- und Motivationsforschung, aus der Psychologie sowie aus der Persönlichkeitsforschung zusammen. Ziele treten nicht alleine auf, sondern sind eingebettet in ein ganzes Netzwerk hierarchischer Ziele. In einem solchen Geflecht von Zielen herrscht Äquifinalität und Multifinalität, d. h. jene Hilfsmittel zur Zielerreichung werden gewählt, die möglichst viele Ziele abdecken und mit möglichst wenig Aufwand verbunden sind. Grundsätzlich werden zwei Arten von Zielen unterschieden: was man macht („performance orientation") und warum man es macht („mastery orientation"). Selbstgesteuerte Systeme benötigen Selbstüberwachungs-Funktionen, die Informationen zum derzeitigen Systemzustand oder -fortschritt liefern. Ebenso ist ein Selbst-System, ein System von Selbst-Bildern Bedingung, um die Natur, Vergangenheit und die Vorlieben des Systems zu beschreiben. Und in weiterer Folge sind Strategien vonnöten, um den momentanen Status in Hinblick auf einen Zielzustand zu modifizieren.

Der *sozial-konstruktivistische Standpunkt* misst der inneren Sprache große Bedeutung bei der Selbststeuerung bei. Sie kann „self-involved" und „task-involved" sein. Zusammen ermöglichen sie adaptives Lernen, dem „emergent interaction" zwischen dem Lernenden und dem sozial-instruktiven Umfeld zugrunde liegt. In der „Zone der proximalen Entwicklung" befindet sich das, was ein Lernender alleine nicht bewältigen kann.

Nach der *kognitiv-konstruktivistischen Perspektive* erkennen Kinder in der Jugendzeit ihre Begabungen und Schwächen und investieren ihren Fleiß mit Vorliebe dort, wo am wenigsten Risiko für ihren Selbstwert besteht, und wo es am erfolgversprechendsten ist. Durch Reflexion und Metakognition können die eigenen Verhaltensweisen geklärt werden, wobei Kinder mit der Entwicklung des metakognitiven „Monitorings" ihr Lernen effektiver beobachten und sich realistische Ziele setzen können. Handlungen, die aus Erfahrungen und sozialer Führung abgeleitet sind, werden verinnerlicht, Theorien von SGL werden in sozialer Interaktion ko-konstruiert. Dabei handelt es sich vor allem um die Theorien von Selbstkompetenz, Anstrengung, Art der schulischen Aufgaben und Strategien. Die beiden Adaptionsaspekte kognitiver Anpassung an die Umwelt (Assimilation und Akkommodation) unterliegen im Organismus einer Äquilibration, ein Gleichgewicht dieser beiden Prozesse wird angestrebt. Das Bild vom Kind als junger Wissenschaftler inkludiert die Wissens- sowie die Handlungskomponente.

4   Tragende Modelle des SGL

Vor allem die letzten Jahre haben gezeigt (vgl. auch PISA-Studie), dass der herkömmliche Unterricht etwas in Schieflage geraten ist. Die Bildungsexperten bringen in regelmäßigen Abständen neue Vorschläge, entweder was den Vorschulbereich, den Grundschulbereich, die Sekundarstufe I und II oder die Hochschule betrifft. Meist geht es um mehr Selbstbestimmung, um Interessens- und Wahlfächer und um bessere Förderung von schwachen Kindern und zugleich um gezielte Forderung von begabten Schülern – häufig hinsichtlich von Kompetenzen und Strategien, weniger im Hinblick auf bloßes Anhäufen von (deklarativem) Wissen. Die Ziele des SGL, an dem alle Beteiligten in einem Entwicklungsprozess mitzuwirken haben, sind nach DEITE-RING (1998b) der mündige Mensch, Selbstbestimmung und Selbstverantwortung, Lernautonomie, Selbstständigkeit beim Handeln und Denken, Lernkompetenzförderung, Vorbereiten des lebenslangen Lernens (LLL), Fähigkeit und Wille zur Kritik, Kompetenzförderung im sozialen Bereich, Verbesserung der Kommunikations- sowie Konfliktfähigkeit und des Selbstvertrauens, die Freiheit von Statusdenken und dogmatischem Hierarchiedenken, Selbstbewusstsein und schließlich Problemlösefähigkeit.

Nun stellt sich die Frage, ob es Modelle bzw. Schulversuche zum selbstgesteuerten Lernen in der Sekundarstufe I gibt. Wenn man in eine Suchmaschine (z.B. *Google*) Begriffe wie „selbst", „gesteuert", „lernen" und „schulversuch" eingibt, bekommt man mit der Einschränkung „Seiten auf Deutsch" ca. 10.000 Treffer, im Vergleich dazu mit der weiteren Einschränkung „Seiten aus Österreich" ca. 200 Treffer (recherchiert am 5. August 2007). Ein Großteil der Treffer ist auf das Modellversuchsprogramm SKOLA[58] zurückzuführen; schließt man nämlich die Bund-Länder-Kommission (BLK) von der Suche aus, verbleiben noch ca. 1.000 Treffer. Nachdem sich SKOLA der beruflichen Bildung annimmt und das selbstgesteuerte Lernen, wenn

---

58 Die Bund-Länder-Kommission für Bildungsplanung und Forschungsförderung (BLK) in Deutschland hat für den Zeitraum vom 1.1.2005 bis 31.12.2008 das Modellversuchsprogramm „Selbst gesteuertes und kooperatives Lernen in der beruflichen Erstausbildung (SKOLA)" aufgelegt (21 Modellversuche in zwölf Bundesländern; vgl. Homepage „Skola"). Es steht unter der Programmträgerschaft von Prof. Dr. DIETER EULER (Institut für Wirtschaftspädagogik an der Universität St. Gallen) und Prof. Dr. GÜNTER PÄTZOLD (Lehrstuhl für Berufspädagogik der Universität Dortmund).

überhaupt, nur in Form von Schulversuchen erprobt wird, dürfen diese Ein-
schränkungen gemacht werden, ohne dass das Ergebnis verfälscht wird.
Nimmt man nun zu der Begriffskette „selbst gesteuert lernen schulversuch"
noch den Begriff „sekundarstufe" dazu, bleiben noch ca. 700 Treffer. In Verbindung mit BL-Modellen ergibt die grobe Suchmaschinen-Recherche mit
der Begriffskette „selbst gesteuert lernen schulversuch sekundarstufe e-
learning" noch 140 Treffer bzw. 50 Treffer bei der Begriffsliste „selbst gesteuert lernen schulversuch sekundarstufe blended learning".

Die COOL-Initiative (Cooperative Open Learning, kooperatives offenes
Lernen) hat sich in den letzten Jahren v. a. in den berufsbildenden höheren
Schulen (Handelsakademie, Höhere technische Lehranstalt) in Österreich
durchgesetzt und weist Grundzüge des selbstgesteuerten Lernens auf reform-
pädagogischer Basis nach dem sog. Daltonplan auf (vgl. S. 95). Mit Stand
2007 wird COOL an ca. 70 berufsbildenden Schulen in Österreich umgesetzt
und hat Eingang in die Lehrpläne der österreichischen Handelsakademien
und Handelsschulen gefunden (vgl. GREIMEL-FUHRMANN 2006/07).

4.1   Maßnahmenbereiche im SKOLA-Modell

Auf der Suche nach einem tragfähigen Rahmenmodell kann das SKOLA-
Modellversuchsprogramm (21 Modellversuche in zwölf deutschen Bundesländern; s. o.) mit den darin definierten Maßnahmenbereichen zum Vorbild
genommen werden (s. Abb. 13).

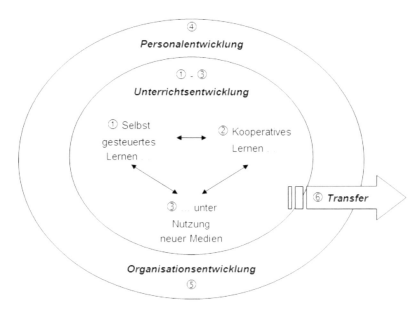

Abb. 13 Maßnahmenbereiche des Modellversuchsprogramms SKOLA
(LANG/PÄTZOLD 2006: 28)

Ziel des Modells ist die Selbstlernkompetenz. Die Subprozesse verteilen sich auf das kontextabhängige Lernen, selbstgesteuert und kooperativ, unter Ausnützung der sog. neuen Medien. Zur Zielerreichung bedarf es der gezielten Personal- und Organisationsentwicklung. Um einen reinen Selbstzweck zu vermeiden, muss ein Transfer in das Regelschulwesen bzw. in die Betriebe, in den Alltag der Beteiligten stattfinden.

4.2 Integratives Phasenmodell

ZIMMERMAN (2006) hat ein integratives Phasenmodell des SGL vorgeschlagen (s. Abb. 14).

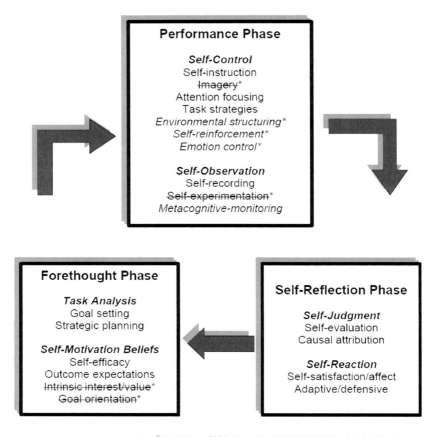

... Änderungen 2006 gegenüber der Version von 2003; Anm. d. V.

Abb. 14 Phases and subprocesses of self-regulation (ZIMMERMAN/CAMPILLO 2003: 239; ZIMMERMAN 2005; adaptiert von ZIMMERMAN 2006: 43)

In diesem Phasenmodell kommen die klassischen Perspektiven (wie in Kap. 3 beschrieben) zu ihrem Recht und mit ihnen die ganzen Subprozesse der Selbststeuerung. Die Lernprozesse samt den dazugehörigen motivationalen Vorstellungen werden auf drei Selbststeuerungsphasen (Vorausschau, Durchführung und Reflexion) aufgeteilt und in einem Selbststeuerungszyklus wiederholt durchlaufen.

4.3   Klassifizierung der Selbststeuerungsphasen

Tab. 1: Phases and Areas for Self-Regulated Learning (PINTRICH 2005: 454)

Phases	Areas for regulation			
	Cognition	Motivation/affect	Behavior	Context
Fore-thought, planning, and activation	Target goal setting Prior content knowledge activation Metacognitive knowledge activation	Goal orientation adoption Efficacy judgments Ease of learning judgments (EOLs); perceptions of task difficulty Task value activation Interest activation	[Time and effort planning] * [Planning for self-observations of behavior] *	[Perceptions of task] * [Perceptions of context] *
Monitoring	Metacognitive awareness and monitoring of cognition (FOKs, JOLs)[59]	Awareness and monitoring of motivation and affect	Awareness and monitoring of effort, time use, need for help Self-observation of behavior	Monitoring changing task and context conditions
Control	Selection and adaptation of cognitive strategies for learning, thinking	Selection and adaptation strategies for managing motivation and affect	Increase/decrease effort Persist, give up Help-seeking behavior	Change or renegotiate task Change or leave context
Reaction and reflection	Cognitive judgments Attributions	Affective reactions Attributions	Choice behavior	Evaluation of task Evaluation of context

* Die Klammern weisen darauf hin, dass es eigentlich keine Verhaltensplanungen gibt, die nicht kognitiver Natur wären. Aber diese Prozesse hängen auch stark mit Volitions- und Regulationskontrolle zusammen.

---

59 Feeling of knowing (vgl. „auf der Zunge liegen"); Judgment of learning (Lernen auf Verständnis überprüfen; Lernbewertung)

Dieses in Tab. 1 gezeigte Gerüst zur Klassifizierung der unterschiedlichen Phasen der Selbststeuerung wurde von PINTRICH (2005) vorgelegt. Es ist dem Phasenmodell (ZIMMERMAN 2006) ähnlich und bezieht ebenso die meisten Perspektiven mit ein.

Der Forschungsschwerpunkt lag beim SGL vorerst hauptsächlich im kognitiven Bereich, erst in den letzten Jahren (vgl. auch den volitionalen Ansatz, S. 45) wurde der emotionale/affektive Bereich verstärkt untersucht, da er sich in gleicher Weise regulieren und steuern lässt. Die Strategien dafür beziehen sich hauptsächlich auf

- die Selbstwirksamkeitssteuerung durch positive Selbstgespräche („Ich weiß, dass ich das kann."),
- Erhöhung der Motivation (Belohnungen setzen) o. Ä.
- In anderen Fällen wird der Wert der Aufgabe geschmälert, um den Selbstwert zu schützen („Es ist egal, das brauche ich später im Leben nicht."),
- auch defensiver Pessimismus (den negativen Ausgang annehmen, um sich damit zu motivieren),
- „Self-handicapping" (sich selbst behindern, um eine schonende Rechtfertigung für ein befürchtetes Versagen zur Hand zu haben) und
- Verzögerungstaktiken (um dann eine passende Ausrede zu haben)

sind Strategien von Lernenden, um den eigenen Selbstwert, das Ansehen oder die Motivation zu steuern (vgl. PINTRICH 2005).

Verhaltenskontrolle ist ein Aspekt der Selbststeuerung, um das offene Verhalten zu regeln (vgl. auch das triadische Modell von BANDURA, S. 40). Sie wird aber nicht von allen als zum Selbst gehörig und als von ihm kontrollier- und steuerbar angesehen. Abgerundet wird die Heuristik von PINTRICH (2005) durch die Kontrolle des Umfeldes, was v. a. beim volitionalen Ansatz (vgl. S. 45) immer wieder hervorgehoben wird. Ein nicht zu unterschätzender Teil des Lernens findet ja auch außerhalb der Institution Schule statt und ist deshalb in vielen Bereichen von den Lernenden gut steuerbar.

4.4   Sechs-Komponenten-Modell

Das „Sechs-Komponenten-Modell" von BOEKAERTS zielt ebenfalls sehr stark auf das SGL in der beruflichen Bildung ab, eignet sich aber sehr gut als „Überbau" (s. Abb. 15). In diesem Modell sieht man sehr deutlich die kognitive (linke) Seite und die motivationale (rechte) Seite der Selbststeuerung beim Lernen, jeweils auf den drei Ebenen Wissen – Strategien – Ziele. Der Vorzug des Modells ist die Darstellung der beteiligten Komponenten sowie der Zusammenhang untereinander, bezogen auf eine Domäne (ein Fach). Es lohnt sich, die Abbildung genauer zu studieren und sich zu erschließen:

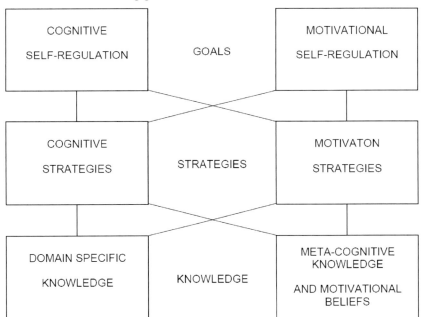

Abb. 15 Six component model of SRL
(BOEKAERTS 1997; BOEKAERTS/ROZENDAAL 2006: 68)

I. Die Ebene „Wissen" stellt links das deklarative, fachbezogene Wissen sowie Konzept- und prozedurales Wissen dar – samt fehlerhaften Konzepten und trägem Wissen in dieser Fachdisziplin. Die Lehrenden müssen vielfältige Informationen und Zugänge anbieten, was konditionales Wissen und v. a. metakognitive Strategien und den domänenspezifischen Gebrauch derselben betrifft (rechte Seite); die Schüler bauen dieses Wissen erst stufenweise auf. Diese Akkumulation schließt auch Wert- und Glaubenshaltungen auf ein Fach oder sich selbst bezogen ein.

II. Die zweite Ebene der Strategien visualisiert, dass die Lernenden ihre Strategien domänenspezifisch anwenden (wiederholen, auswendig lernen, strukturieren, Verbindungen herstellen, hinterfragen etc.). Die motivationale (rechte) Seite verdeutlicht die Strategien der Selbstwirksamkeit, wie wahrgenommene Werte, Lernintentionen setzen, mit Hindernissen umgehen, soziale Unterstützung organisieren usf.

III. Auf der dritten Stufe ist die kognitive Selbststeuerung dargestellt, die Art der angewandten metakognitiven Strategien (Probleme lokalisieren, Arbeits- und Zeitpläne erstellen und durchführen, „Monitoring" machen, reflektieren, Vorgehen anpassen und korrigieren usw.). Die rechte Seite zeigt, dass Lernende Ziele setzen und nach Prioritäten ordnen, Handlungen initiieren und andere Tätigkeiten zurückstellen, Hindernisse bei der Zielerreichung identifizieren und einen passenden Weg suchen, mit Emotionen umzugehen.

4.5   Drei-Schichten-Modell

In einem allgemeinen Rahmenmodell von SGL, dem „Drei-Schichten-Modell" (s. Abb. 16), werden die Prozesse und Regulationssysteme recht einfach veranschaulicht, wobei die drei Ebenen nicht getrennt zu sehen, sondern miteinander verflochten sind (vgl. LANG/PÄTZOLD 2006; BOEKAERTS 1999):

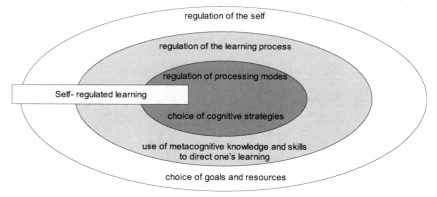

Abb. 16 Three-layered model of self-regulated learning (BOEKAERTS 1999: 449)

I. Im Zentrum dieses Modells (Regulation des Verarbeitungsmodus; Wahl kognitiver Strategien) steht die Informationsverarbeitung, die mit entsprechenden kognitiven Lernstrategien wie Wiederholen, Memorieren, Organisieren und Elaborieren verbessert und gesteuert werden kann.[60] Für die effektive Selbststeuerung braucht es ein umfangreiches Repertoire an Strategien, sodass kontextabhängig, situationsbezogen ausgewählt werden kann; auch motivationale und emotionale Faktoren spielen dabei eine Rolle.

II. Die mittlere Ebene (Regulation des Lernprozesses; Gebrauch metakognitiven Wissens zur Steuerung des Lernprozesses) zeigt die Wichtigkeit von Metakognition bei der Steuerung des Lernprozesses. Dieses Wissen muss deklarativ (Person, Aufgaben, Strategien) und exekutiv (Kontrolle, Steuerung, Planung) vorhanden sein.

III. Schließlich visualisiert die äußerste Schicht (Regulation des Selbst; Wahl der Ziele und Ressourcen) die motivationalen und volitionalen Aspekte.

Damit deckt dieses Modell auch drei Denkschulen ab, die sich dem SGL nähern (vgl. BOEKAERTS 1999):

a)   Lerntheorien, Lernstile;
b)   Metakognition und Regulationsstile;
c)   Ich- und Selbst-Theorien, inklusive zielgesteuertem Verhalten.

4.6   Dual Processing Model

Viele Lehrende in den von BOEKAERTS betreuten Studien hatten Probleme, das Sechs-Komponenten-Modell (s. S. 79) – v. a. das Zusammenspiel von kognitiver und motivationaler Seite in dem Modell – bei ihren Lernenden im Lernprozess zu verstehen. Das „Dual Processing Model" (s. Abb. 17) hingegen ist sehr praktisch ausgelegt. In diesem Modell wird – wie bei einer Waage – deutlich, dass die Lernenden versuchen, ihre Bedürfnisse in der Balance zu halten. Auf der einen Seite steht ihr Bedürfnis, sich neues Wissen und Kompetenzen anzueignen (Entwicklungs-Pfad). Demgegenüber steht das

---

60 Die zwei Basis-Lernstile sind bekanntlich Oberflächenlernen (charakteristisch ist wiederholen und auswendig lernen) und tiefenorientiertes Lernen (charakteristisch ist verstehen, vernetzen, in Beziehung setzen).

Bedürfnis nach Wohlfühlen – beispielsweise im Klassenverband – innerhalb vernünftiger Grenzen (Wohlfühl-Pfad). BOEKAERTS und ROZENDAAL halten fest:

> (…) that favorable learning environments elicit positive cognitions and feelings (self-efficacy, value, fulfillment of psychological needs), inviting students to invest effort in learning (i.e., they broaden their mind set and move onto the mastery pathway). It has also been shown that the perception of unfavorable cues, such as obstacles en route to the learning goal trigger negative affect, which narrows the scope of attention and makes students switch to the well-being pathway in order to avoid threat, loss, and harm. (BOEKAERTS/ROZEN-DAAL 2006: 70 f.)

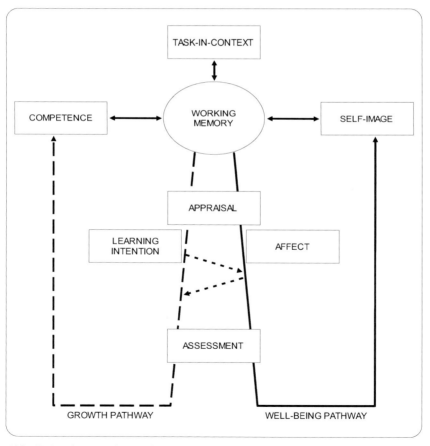

Abb. 17 Dual-Processing Self-regulation Model (BOEKAERTS/ROZENDAAL 2006: 70)

Die Fähigkeit der Lernenden, Ziele zu priorisieren und Hindernisse auf dem Weg dazu mittels volitionaler Strategien zu überwinden, bestimmt zu einem Großteil, ob sie bis zur Zielerreichung auf dem „mastery pathway" bleiben oder vorzeitig aufgeben. Gebrauch oder Nichtanwendung entsprechender volitionaler Strategien ist im Modell durch die gepunkteten Linien zwischen den beiden Pfaden dargestellt (s. Abb. 17).

Es versteht sich von selbst, dass dieses Modell eine vereinfachte Darstellung bietet; Würdigung und Beurteilung von Zielen finden mehrfach statt, Ziele konkurrieren. Der „Well-being"-Pfad heißt an anderer Stelle auch „Coping mode" – also ein Modus, um die Lage zu meistern, um zurande zu kommen (BOEKAERTS/NIEMIVIRTA 2005).

4.7 Lernepisoden

SGL – die Kontrolle über Gedanken, Gefühle und Handlungen auf dem Weg zur Zielerreichung – inkludiert nach BOEKAERTS und NIEMIVIRTA (2005) drei zentrale Konstrukte:

- Lernepisoden,
- selbst gesetzte Lernziele und
- Prozesse bei der Zielerreichung.

Dabei verstehen sie unter einer Lernepisode eine Situation, "in which a person is invited, coached, or coaxed to display context-specific, goal-directed learning behavior" (BOEKAERTS/NIEMIVIRTA 2005: 418). Lässt sich nun eine Person darauf ein, entfaltet sich deren Lernverhalten über die Zeit bis

a) das Lernziel erreicht wird,
b) das Lernziel teilweise erreicht wird und der Lernende damit zufrieden ist,
c) das Lernziel neuerlich bewertet und als unerreichbar, unattraktiv oder irrelevant eingestuft wird
d) oder ein anderes Ziel den Vorrang erhält.

Es wird zwischen natürlichen und künstlich hergestellten, meist im Klassenkontext stehenden Lernepisoden unterschieden. Die natürlichen genießen den Vorzug, weil sie meist selbst initiiert oder spontan sind, weil sie kumulative, aufbauende Lernerfahrungen kreieren, weil sie immer sozial situiert sind, und weil sie von persönlichen Zielen getrieben und deshalb von konsequenter Natur und affektiv behaftet sind. Selbstgesteuertes Lernen hat seinen Ursprung in der Identifikation, der Interpretation und der Bewertung einer „Lernmöglichkeit" und selbstgesteuertes Lernen impliziert nicht nur Ziele zu setzen, sondern auch das Streben danach und das Ringen um die Zielerreichung. Dafür werden – wie schon oft erwähnt – verschiedene Strategien benötigt (BOEKAERTS/NIEMIVIRTA 2005).

4.8   SoLe-Arrangements

In Arrangements von selbstorganisiertem Lernen (SoLe) sind folgende vier Grundaspekte aufgrund der Handlungsabschnitte im Zusammenhang mit selbstgesteuertem kooperativem Lernen von zentraler Bedeutung (vgl. MANDL/GEIER 2004; KOPP/MANDL 2006):

a) Vorbereitung des Lernens – Ziele setzen, von außen und individuell;
b) Steuerung des Lernens – kognitive, emotionale und motivationale individuelle Voraussetzungen sowie gemeinsame Planung, Regulierung und Bewertung des gemeinsamen Lernprozesses;
c) Organisation des Lernens – Lernende müssen entscheiden, wann, wo, wie lange und mit welchen Materialien sie mit wem oder individuell lernen;
d) Koordination des Lernens – einerseits Gruppenmitglieder zeitlich, räumlich und inhaltlich koordinieren, andererseits Handlungs-, Lern- und Kontrollstrategien kennen und anwenden.

Dies stellt, wie man sieht, hohe Anforderungen an die Lernenden und zeigt die Bedingungen für erfolgreiches kooperatives SGL auf den vier Ebenen: Lerner selbst – Interaktionssteuerung – Aufgabe – Anreizstruktur.

SEMBILL und SEIFRIED (2006) beschreiben ihr SoLe-Arrangement (entwickelt für den kaufmännischen Unterricht) als ausbalanciertes Lehr-Lern-System, das aus der notwendigen interaktiven Verknüpfung von Lehr- und Lernfunktionen und dem pädagogischen Grundproblem der unterschiedlichen individuellen und gemeinschaftlichen Interessen gebildet wird. Unter Auflösung des klassischen Dreiecks „Lehrer – Schüler – Stoff" legen sie neun Merkmalsbereiche als Gestaltungsgrundlage der Lernumgebung vor (s. Tab. 2), diesen sind Indikatoren zur Gestaltung, Operationalisierung und Evaluation zugeordnet.

Tab. 2: Merkmalsbereiche in SoLe-Arrangements

Relevanzeinschätzung vorgefundener bzw. vorgegebener Gegenstandsbereiche	**Reflexion** von Sinn und Zweck	**Bedeutungserschließung** und -bewertung
Vorgefundene bzw. vorgegebene **Komplexität**	Lernen als **geplantes Handeln**	Sich **einlassen**
Externalisierung kognitiver, motivationaler und emotionaler Kompetenzen	**Werteverantwortung**	**Relevanzaustausch**

(SEMBILL/SEIFRIED 2006: 101)

„Alle an Bildungs- und Qualifizierungsbemühungen Beteiligten sind aufgefordert, Lehr-Lern-Prozesse ganzheitlich zu betrachten, das eigene Lehrverständnis und Menschenbild kritisch zu hinterfragen und den Lerner konsequent in das Zentrum der pädagogischen Bemühungen zu rücken" (SEMBILL/SEIFRIED 2006: 104). Wie die Umorientierung vom traditionellen Unterricht zum SOL den geforderten Kompetenzerwerb der Lernenden fördern kann, zeigt Abbildung 18.

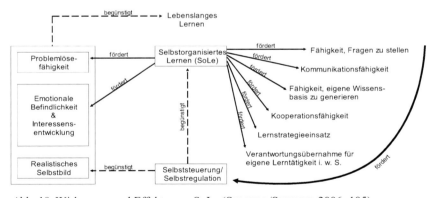

Abb. 18 Wirkungen und Effekte von SoLe (SEMBILL/SEIFRIED 2006: 105)

SEMBILL und SEIFRIED (2006) weisen zusätzlich darauf hin, dass SOL über die skizzierte Wirkungskette nachweislich alle Lerntypen fördere. Dabei sei SOL kein „didaktischer Selbstläufer", die zusätzlichen Belastungen der Lehrenden dürften nicht unterschätzt werden. Allerdings argumentieren sie auch mit erhöhter Berufs- und Arbeitszufriedenheit der Lehrenden sowie durchwegs positiven Rückmeldungen der Lernenden.

4.9   Zusammenfassung

In diesem Kapitel wurde versucht, Rahmen- und Praxismodelle darzustellen, die für den Unterricht in der Sekundarstufe I als Vorlage dienen können. Im Bereich der Pflichtschule gibt es sehr wenige derartige Modelle – die meisten sind im berufsbildenden Bereich angesiedelt. Die COOL-Initiative betrifft in Österreich die berufsbildenden höheren Schulen, sie geht auf reformpädagogische Ansätze zurück und forciert das selbstgesteuerte Lernen nach dem Daltonplan. In Deutschland spielt das Modellversuchsprogramm SKOLA in der beruflichen Erstausbildung eine wichtige Rolle. In einem integrativen Rahmenmodell führt ZIMMERMAN (2006) die klassischen Ansätze der Selbststeuerungstechniken in einem zyklischen Prozess zusammen, PINTRICH (2005) klassifiziert die unterschiedlichen Phasen der Selbststeuerung. In einem Überblick zeigt BOEKAERTS (1997) in ihrem Sechs-Komponenten-Modell den Zusammenhang zwischen Kognition und Motivation beim SGL, in ihrem Drei-Schichten-Modell (1999) liefert sie ein Rahmenmodell, das Kognition, Metakognition und Selbst-System zum Inhalt hat und miteinander verbindet. Das Dual-Processing-Model (BOEKAERTS/ROZENDAAL 2006) zeigt, wie Lernende ihre Bedürfnisse in Balance halten, indem sie immer wieder neu zwischen dem „Wohlfühlpfad" und dem „Entwicklungspfad" entscheiden.

SGL entspringt der Identifikation, der Interpretation und der Bewertung einer Lernmöglichkeit, und es impliziert das Setzen von Zielen sowie das Streben danach. Lernepisoden bieten eine gute Möglichkeit für diese Umsetzung der Selbststeuerung beim Lernen. SoLe-Arrangements betonen die Vorbereitung, Steuerung, Organisation und Koordination des Lernens im Hinblick auf die Selbststeuerung. Erfolgreiches kooperatives SGL geschieht auf den Ebenen: Lerner selbst – Interaktionssteuerung – Aufgabe – Anreizstruktur.

Wie in der vorliegenden Arbeit mehrfach gezeigt wurde, müssen beide Ziele – Selbstwirksamkeit erhöhen und die Anwendung von Selbststeuerungsstrategien ermöglichen – in einer modernen Schule verfolgt werden.

Dies kann isoliert erfolgen, aber es ist abzusehen, dass ein gleichzeitiges Training beider Fähigkeiten wechselseitige Erfolge bringen kann (vgl. auch SCHUNK/ERTMER 2005). Modelle sind ja immer Hilfsmittel, um Strategien und Fertigkeiten zu transportieren. Die gezeigten Modelle sind primär sozialer Natur und konstruktivistisch durchdrungen, d. h. sie beziehen auch den Kontext mit ein. Dabei ist es wichtig, die Lernenden zu befähigen, dass sie die Selbststeuerungshandlungen auch außerhalb des erlernten Sinnzusammenhangs einsetzen, dass ihnen der Transfer zu domänenfremden Anwendungen gelingt.

5 Grundlegende Kompetenzen und Unterrichtsformen für SGL

Dieses Kapitel soll zunächst – ohne Anspruch auf Vollständigkeit – Kompetenzen von Lehrenden und Lernenden aufzeigen, die für SGL benötigt werden oder zumindest erwünscht wären (Kap. 5.1). Selbststeuerung spielt im Hinblick auf nachhaltiges, längerfristig erfolgreiches Lernen eine wichtige Rolle. So meint auch GUDJONS (2003: 7): „Selber beim Lernen *aktiv* zu sein ist gut, selber über sein Lernen zu *bestimmen* ist noch besser, selber sein Lernen zu *steuern* ist am besten. (…) Von entscheidender Bedeutung ist daher die Vermittlung von Lernstrategien, Arbeitsmethoden und -techniken."

In weiterer Folge werden dann exemplarisch einige Unterrichtsformen herausgegriffen, in denen SGL gut umgesetzt werden kann, in denen Selbststeuerung und SOL mithilfe digitaler Medien und über das Internet unterstützt werden kann (Kap. 5.2).

5.1 Erforderliche Kompetenzen

„Lernende benötigen für das selbstgesteuerte Lernen Wissen über sich selbst: über die eigenen Lernmuster und -verhaltensweisen und die individuell passenden Lernstrategien" (SCHLOOS 2000: 5). Das bedeutet, dass verschiedene Kenntnisse (Lerntechniken, Lernwege, Lernmedien) und Kompetenzen (vor allem Selbst- und Zeitmanagement) von enormer Wichtigkeit für die Lernenden bzw. ein wesentliches Kriterium für das Gelingen der Selbststeuerung des Lernprozesses darstellen. Bei der Suche nach Antworten auf gescheiterte Initiativen hinsichtlich der Selbststeuerung kann man hier fündig werden. Eine Verringerung der Fremdsteuerung im Lernprozess lässt nicht automatisch die Selbststeuerung anwachsen, sondern es entsteht eher nur ein Vakuum. Dieses müsste genau mit diesen Kenntnissen und Selbstmanagementkompetenzen gefüllt werden. Die Fähigkeiten bzw. Kompetenzen für die erfolgreiche Organisation von selbstgesteuerten Lernprozessen von Lernenden sind v. a.:

- Sachkompetenz (fachliche Einordnung, Zusammenhänge, Grundlagen);
- Methodenkompetenz (Beschaffung benötigter Informationen, Wichtiges zusammenfassen usw.);
- Sozialkompetenz (Zusammenarbeit und Kommunikation mit Mitlernenden);
- Fähigkeit zur Reflexion und Metakognition.

Sind diese Kenntnisse vorhanden, können die Lernenden Lernstrategien anwenden und Lernprozesse bewerten, anpassen und verbessern. Zugänge zu „Self-Monitoring" sind eine notwendige Voraussetzung, um vorhandene Lernstrategien zu durchleuchten und zu verändern und neue zu lernen, um selbstgesteuertes Lernen voranzutreiben (vgl. LANG/PÄTZOLD 2006). Den Befürchtungen, dass sich SGL individualistisch vollzieht und die Lehrenden überflüssig macht, kann durch eine soziale Einbettung in verschiedene unterschiedliche Sozialformen (Partner-, Team- und Gruppenstruktur) begegnet werden. Im schulischen Umfeld kann die Aneignung von Handlungskompetenz (Fach-, Methoden- Sozial- und Selbstorganisations- bzw. Selbstlernkompetenz) wohl nur das ideale Ziel (und nicht Voraussetzung) sein.

Von den Lehrenden werden zwar andere (zusätzliche) Fähigkeiten als bisher erwartet (v. a. Coaching), aber sie sind nicht minder gefordert (vgl. EULER 2002). Es müssen Lernumfelder geschaffen werden, die für die Lernenden genügend Möglichkeiten bieten, viele nützliche heuristische Strategien auszuprobieren, Strategien und Prozeduren bewusst einzusetzen und das Beobachten und Bewerten ihrer Handlungen zu trainieren. So zielt z. B. auch der Ansatz „Anchored instruction"[61] auf die Unterstützung des SGL ab. ROZENDAAL, MINNAERT und BOEKAERTS (2005) haben für ihre Studien-Schulen „self-regulatory skills" und „powerful learning environments" (PLE) definiert und die wichtigsten Instruktionsprinzipien zusammengefasst, die einen „guten" Unterricht ausmachen:[62]

---

61 Bei der „verankerten Unterweisung" (von der Cognition and Technology Group at Vanderbilt entwickelt) werden den Lernenden narrative Ankerpunkte geboten, die reichhaltige, authentische und interessante Informationen bieten und die Möglichkeit beinhalten, eigenständig und explorativ Probleme zu erkennen und zu lösen (vgl. auch REINMANN 2005).

62 Zur Erläuterung: „Powerful Learning Environments" (PLE) zeichnen sich durch individuelles Arbeiten in einer offenen Lernumgebung aus, durch problem- und projektbasiertes Lernen und durch produktorientierte Umgebungen mit verringerter Führung durch Lehrende (BOEKAERTS/ROZENDAAL 2006). – Die Abkürzung PLE wird in jüngster Zeit in erster Linie für „Personal Learning Environments" verwendet.

Prepare group assignments at home and write them on the blackboard as soon as you enter the classroom; activate students' prior knowledge; prepare the students for group assignments by providing essential background knowledge; invite them to work collaboratively in Interactive Learninggroups; coach student behavior; give feedback on what is learned, and evaluate the progress that is made at the end of the lesson. (BOEKAERTS/ROZENDAAL 2006: 51)

Die konstruktivistische Sicht (s. Kap. 3.7 und 3.8) nimmt explizit auf das Vorwissen Bezug (vgl. auch „Zone der proximalen Entwicklung", S. 59; „intrinsische Motivation des Kenntnisstrebens", S. 62). Um Neues zu lernen, müssen alte Konzepte verändert oder verworfen und neue sinnvoll integriert werden. Lehrende müssen Bescheid wissen, wie kognitive Konflikte[63] durch Peer-Interaktionen begünstigt werden können, wie sie als Instruktionsstrategie Änderungen in den Konzepten der Lernenden provozieren können. Und Lehrende müssen sich von der Ansicht verabschieden, dass Wissen absolut und einfach „da draußen" ist und es keiner Diskussion bedürfte, um zu einem tieferen Verständnis zu gelangen. Von großer Wichtigkeit ist auch die Wahlfreiheit bzw. -möglichkeit. So wie die Lernenden domänenspezifisch und abhängig von den gesetzten Zielen verschiedene Strategien des SGL einsetzen, müssen auch die Lehrenden abhängig von den gesetzten Lehrzielen für sich die passenden Instruktionsmethoden wählen und das Lernumfeld entsprechend gestalten (vgl. BOEKAERTS/ROZENDAAL 2006).

In seiner Theorie spricht FESTINGER von einer kognitiven Dissonanz, die dann auftritt, wenn neu hinzukommende Erkenntnisse der bisherigen persönlichen Meinung widersprechen, wenn eine getroffene Entscheidung sich als falsch herausstellt. Sie ruft den Wunsch nach Verminderung oder Vermeidung hervor.[64] Auch RONSIVALLE und METUS sehen in dieser Theorie einen zentralen Motivationsfaktor sowie ein notwendiges Werkzeug im Instruktionsdesign:

(…) we believe that by introducing information capable of causing a more or less light state of discomfort towards the initial mental model – in relation to the behavioural patterns connected to it – it is possible to call into question the

---

Interactive Learninggroup System (ILS): heterogene Lerngruppe, bestehend aus vier bis fünf Schülern mit gegensätzlichen Lernstilen und Persönlichkeitsmerkmalen

63 Ein kognitiver Konflikt ist eine unvereinbare Verhaltensantwort auf einen gegebenen Reiz, erreichbar beispielsweise durch Zweifel, Perplexität, Konfusion, Widerspruch, Überraschung usw.

64 Vgl. auch Artikel „Kognitive Dissonanz" in *Wikipedia*.

student's cognitive consonance and lead him/her to look for new information to overcome the inertial force. (…) In fact it encourages both the learning process and the abandonment of the emotive stability produced by the state of "knowledge". (RONSIVALLE/METUS 2005: 35)

Gerade bei der Arbeit in Gruppen sind Teamfähigkeit, soziale Kompetenz und damit auch Konfliktfähigkeit entscheidende Kriterien, die wesentlich zum Gelingen eines Vorhabens beitragen. Lehrende müssen über den Unterschied zwischen effektiven und ineffektiven Teams Bescheid wissen und auf eine moderate Gruppenzusammensetzung achten (zu großer Gruppenzusammenhalt ist beispielsweise kontraproduktiv). Sie müssen beobachten, ob die psychologischen Grundbedürfnisse für die Teammitglieder erfüllt werden, und Feedback zu diesen Aspekten bieten (BOEKAERTS/ROZENDAAL 2006). Wenn neben den physischen auch die psychologischen Grundbedürfnisse[65] des Menschen gestillt werden, wird die Lernumgebung von den Lernenden mit größerer Wahrscheinlichkeit als eine mit hoher Qualität wahrgenommen.

Beim Einsatz von BL-Konzepten denkt man vorerst an die Voraussetzungen auf Lernerebene:

- genügend Motivation zum individuellen, selbstgesteuerten Wissenserwerb und zur Kooperation;
- grundlegende Computerkenntnisse und Fertigkeiten im Umgang mit Netzwerk- und Webanwendungen;
- kommunikative Kompetenzen.

Auch die Lehrenden sehen sich hohen Anforderungen ausgesetzt. Sie müssen vorab entsprechende Vorkenntnisse und Kompetenzen im Hinblick auf Informations- und Kommunikationstechnologien (IKT) haben oder erwerben – sowohl in technischer als auch in didaktischer Hinsicht (vgl. HAMETNER et al. 2006). Wünschenswert wäre es auf jeden Fall, wenn die Lehrenden eine „E-Ausbildung" hätten, also je nach Ansatz eine Ausbildung in E-Tutoring, E-Facilitation, E-Moderation, E-Pedagogy, E-Teaching, …

Die Frage, ob die Lehrenden entsprechend gut ausgebildet sind, um neben ihrer diagnostischen und prognostischen Aufgabe auch Bedingungen zu schaffen, die die Entwicklung von effektiven Selbststeuerungskompetenzen fördern, führt zum nächsten Abschnitt.

---

65 Diese sind nach der „Self-determination theory" von RYAN/DECI (2000) die Bedürfnisse nach Kompetenz, Autonomie und sozialer Einbindung.

5.2 SGL in der Praxis

Wie können nun solche Lernprozesse in der Praxis aussehen? Welche Methoden und „Lehr-Lern-Settings" bieten Möglichkeiten an, selbstgesteuert zu lernen? Auf diese Fragen will der folgende Abschnitt Antworten geben – wobei mit Nachdruck festgestellt werden muss, dass Selbststeuerung in Reinform im schulischen Umfeld nicht realisierbar ist (vgl. auch TRAUB 2003).

Um eine effektive Selbststeuerung zu entwickeln, muss es Lernenden erlaubt sein, in Lernkontexten zu arbeiten, wo sie ihre eigenen Lernepisoden (s. S. 83) zu ihren eigenen Zielen gestalten können. Dabei sind die Prozesse der Identifikation, Interpretation und Begutachtung die Zugänge zu Selbststeuerung (vgl. BOEKAERTS/NIEMIVIRTA 2005). Einige der vorgestellten Perspektiven in Kap. 3 erachten die Lernumfeldkontrolle („environmental control") als wichtigen Beitrag zum SGL. Im lernerzentrierten Unterricht haben die Lernenden wesentlich mehr Einfluss und Steuerungsmöglichkeiten, was das Lernumfeld betrifft. Sie müssen Projekte planen, Experimente durchführen, entscheiden, mit wem sie dabei wo und wie zusammenarbeiten usf. Dadurch setzen sie auch Klassennormen. Alles Lernen einer Person ist nach STRAKA (2005: 165) „mit individuellem Handeln verbunden", es kann nicht delegiert werden. Nur wenn sich die internen Bedingungen eines Individuums (Fähigkeiten, Wissen – Interessen, Motive – emotionale Dispositionen) nachhaltig ändern, findet Lernen statt (ebd.).

Ein Sinnspruch von einem unbekannten Autor oder einer unbekannten Autorin (gefunden bei WUSTINGER o. J.) lautet:

Wenn ich nur darf, wenn ich soll,
aber nie kann, wenn ich will,
dann mag ich auch nicht, wenn ich muss.

Wenn ich aber darf, wenn ich will,
dann mag ich auch, wenn ich soll,
und dann kann ich auch, wenn ich muss.

Denn schließlich:
Die können sollen,
müssen wollen dürfen!

5.2.1   Projektlernen

Der Begriff des Projektlernens geht zurück auf das 18. und 19. Jh., auf die Namen ROUSSEAU, PESTALOZZI und FRÖBEL. Vorerst wurde der Begriff an den Hochschulen und Akademien im Zusammenhang mit Abschlussprojekten verwendet, in denen die Lernenden gegen Ende ihrer Ausbildung die Chance hatten, das Gelernte eigenständig auf praktische Vorhaben anzuwenden. Mit der Reformpädagogik Anfang des 20. Jh. wurde es dann auch auf schulische Kontexte übertragen, in den 1970er Jahren erfuhr es einen Aufschwung in der betrieblichen Bildung zur Integration von Theorie und Praxis in offenen und handlungsbetonten Lernprozessen. Durch das Lernen in Projekten werden ganzheitlich orientierte, selbstorganisierte Lernprozesse durch reale Aufgabenstellungen initiiert, wobei im Idealfall Idee, Ziele und die Produktentwicklung und -bewertung von den Teilnehmenden selbst ausgehen und das Ergebnis (der Öffentlichkeit) präsentiert wird (vgl. FREIMUTH/HOETS 1998). Hier zählt es – wie bei allen offenen Lernformen – zu den Voraussetzungen, dass die Interessen der Beteiligten zum Ausgangspunkt gemacht werden, dass sich die Rolle der Lehrenden hin zur Organisation der Rahmenbedingungen, zur Unterstützung und Begleitung verändert. Projektunterricht orientiert sich „in hohem Maße am Prinzip der Selbsttätigkeit und Selbstorganisation" (TRAUB 2003: 19). Für eine Zeit lang soll ganzheitliches Lernen an einem Thema ermöglicht werden. Die Lernenden nähern sich selber in der Themenfindung, informieren sich selbstständig und in der Gruppe in der Informationsphase, meistern gemeinsam die Planungsphase, handeln selbstständig in der Produktionsphase und präsentieren und evaluieren ihre Ergebnisse in der Abschlussphase.

5.2.2   Offene Lernformen

SGL lässt sich in sog. „powerful learning environments" (PLE, s. S. 90) – also in starken und offenen Lernumgebungen – gut verwirklichen. Sie zeichnen sich dadurch aus, dass authentische Themen und realistische Aufgaben und Probleme – in multiplen Kontexten aus möglichst unterschiedlichen Perspektiven betrachtet – im Mittelpunkt stehen und in kooperativen Arbeitsformen bearbeitet werden (GUDJONS 2003). Um selbstgesteuert lernen zu können, muss das Unterrichtsangebot offen genug sein, um den Lernenden „viele und folgenreiche Entscheidungen über Lernziele, Lernzeiten, Lernmethoden und Lernkontrollen zu ermöglichen" (WEINERT 1982: 101). Das bedeutet, dass den Lernenden Spielräume offenstehen müssen, in denen sie Lernziele, Zeiten und Orte sowie Methoden selbstständig und eigenverantwortlich festlegen können und dies auch tatsächlich tun. So können sie sich als Verursacher ihrer Lernergebnisse erleben und ihre Selbstverantwortung steigern.

Eine Schlagwortkette, die mit offenen Lernformen in Verbindung gebracht wird, ist beispielsweise: Aktive Lernende, selbst- und mitbestimmend, werden in wechselnden Sozial- und Arbeitsformen als eigenständige Persönlichkeiten wahrgenommen – unterschiedlich hinsichtlich der Begabung, Fähigkeiten und Fertigkeiten – und können in ihrem individuellen Lernrhythmus und persönlichen Lerntempo unterschiedliche Zugänge zu Problemen und deren Lösung ausprobieren, um so ihren Unterschieden im Lernen, in den Arbeits- und Lernstrategien, in der Belastbarkeit und im emotionalen Zustand gerecht zu werden.

Offenes Lernen (OL) trägt dem durch parallel geschaltete Phasen von Fach- und Stoffgebieten, von Erarbeitung, Übung und handelndem Lernen Rechnung. In wechselnden sozialen Arbeitsformen (Allein-, Partner- und Gruppenarbeit), durch differenziertes Materialangebot und individuelle Leistungsforderung und -förderung wird versucht, den oben angeführten Schlagworten gerecht zu werden. Wahlbereiche ergänzen das Pflichtpensum. Beim Fördern von unterschiedlichen Lösungswegen passieren Fehler. Der Fehler wird so zu einem notwendigen Merkmal im Lernprozess, der für ein persönliches Weiterkommen enorme Wichtigkeit hat. Er verliert die negative Qualifizierungsfunktion zugunsten einer Feedback- und Beratungsfunktion. In diesem Sinne ist die Selbstkontrolle ein wichtiges Merkmal von OL.

Unter offenen Lernformen versteht man beispielsweise:

- Freiarbeit – sie geht zurück auf FRIEDRICH FRÖBEL, einen deutschen Pädagogen und Schüler PESTALOZZIs, der auch der Namensgeber des Kindergartens ist. Er führte die „Freiarbeit" in die Pädagogik ein. Seine Spiel- und Lernmaterialien sind heute noch anerkannt. Im Zentrum seiner Pädagogik stehen das Spiel als typisch kindliche Lebensform und sein Bildungswert (vgl. Artikel „Friedrich Fröbel" in *Wikipedia*).
- Daltonplan – HELEN PARKHURST ist die Begründerin des Daltonplans. Er orientiert sich an den Lernenden und ihren Bedürfnissen und nicht an Altersklassen. Es erfolgt eine Einteilung nach Begabung, Interesse und Neigung. Lernverträge unterstützen diese Art des Unterrichts (vgl. GREIMEL-FUHRMANN 2006/07).

- FREINET-Methode – CÉLESTIN FREINET ist der Namensgeber dieser Methode, bei der Exkursionen und Erkundungen die Lehrerunterweisung ersetzen bzw. ergänzen. Mit seiner einfachen Schuldruckerei hatten die Volksschüler die Möglichkeit, eigene Texte zu setzen und so Zeitungen und Bücher innerhalb der Klasse zu produzieren. Er teilte die Klasse durch Abtrennen von Ecken in sog. Arbeitsateliers und bot damit die Möglichkeit, gleichzeitig zu verschiedenen Themenbereichen zu experimentieren und zu arbeiten (vgl. GLÄNZEL o. J.).
- MONTESSORI-Unterricht – MARIA MONTESSORI orientierte sich mit ihrer Pädagogik unmittelbar am Kindergartenkind und berücksichtigte konsequent die Bedürfnisse des Kindes. Die Entwicklungsimpulse gehen vom Kind aus. Wenn es reif dazu ist, vollzieht es die entsprechenden Lernprozesse. Die Aufgabe der Lehrenden besteht in der Beobachtung, im Anbieten einer vorbereiteten Umgebung, die den Lernprozessen förderlich ist und in der Hilfestellung, wenn das Kind darum bittet.

Allen offenen Lernformen gemeinsam sind ein flexibler Zeitplan sowie die Anreicherung der Umgebung mit unterstützenden, motivierenden und anregenden Lernmaterialien (vorbereitete Umgebung), die zum Experimentieren und aktivem Handeln auffordern. Das ist zugleich die Abgrenzung zu einem rezeptiven und passiven Konsumverhalten der Lernenden, das prägend für den herkömmlichen Frontalunterricht ist. Die Lehrenden als Vermittler und Lernbegleiter stehen nicht im Zentrum, die Lernenden erarbeiten Stoff selbstständig mithilfe von Anleitungen und Materialien. Auch BOEKAERTS (1999) meint, dass sich viele Forschende und Lehrende der Bidirektionalität zwischen Lernumgebung und SGL nicht bewusst sind!

Die Planarbeit – in Form von Tagesplan, Wochenplan oder mittelfristigem Plan-Pensum – kann fachbezogen oder fächerübergreifend sein, stark strukturiert oder selbst gestaltet, sie kann mit vielen Freiräumen versehen sein. Auch das Stationenlernen zählt dazu. Hier wird der Stoff in bestimmte Aufgaben unterteilt und für die Lernenden auf einem Übersichtsblatt festgehalten. Die einzelnen Aufgaben (Stationen) sind nach bestimmten Regeln zu bearbeiten, und der Stoff wird so selbstständig angeeignet. Wochenplanarbeit stellt laut TRAUB (2003) eine Vorstufe der Freiarbeit dar, so wie wahldifferenzierter Unterricht[66] als eine Vorform von Projektunterricht verstanden

---

66 Die Lernenden wählen im wahldifferenzierten Unterricht nach einer gemeinsamen Einstiegs- und Strukturierungsphase einen Themenschwerpunkt, an dem sie dann

werden kann. Der Wochenplan strukturiert diverse Aufgaben aus verschiedenen Fachgegenständen und soll die Schülerinnen und Schüler zur Selbstständigkeit hinführen. Er kann durchaus individuell von den Lehrenden auf Einzelne zugeschnitten werden und enthält neben Pflichtaufgaben auch Wahlaufgaben zum Erwerb zusätzlicher Qualifikationen. Zusatzaufgaben dienen dazu, die Interessen oder Neigungen der Lernenden zu berücksichtigen.

Freiarbeit ist jene Unterrichtszeit, in der die Lernenden ihre Arbeit aufgrund eines zu erfüllenden Pensums aus verschiedenen Fächern selbstständig planen und ausführen. Dabei stehen diverse Hilfsmaterialien zur Verfügung: Wenn die Freiarbeit mehr Wiederholungs- und Übungscharakter hat, gibt es eine Vielzahl von differenzierten Materialien mit Übungscharakter, wenn sie mehr Erarbeitungscharakter hat, werden strukturierte Karteien oder Arbeitsblättermappen eingesetzt. Mit Freiarbeit wird ein Prozess in Gang gesetzt, auf den sich Lernende und Lehrende gemeinsam einlassen müssen, und allmählich auf dem Weg zur Zielerreichung fortschreiten. Auf der ersten Stufe müssen die benötigten Methoden und Strategien eingeübt werden. Nach und nach können die stärkere Strukturierung und der größere Pflichtanteil reduziert werden, unterstützt durch viel Reflexionsarbeit (vgl. auch TRAUB 2003).

Eigenverantwortung und Selbststeuerung manifestieren sich in offenen Unterrichtsformen in der selbstständigen Kontrolle von Lern- und Übungsergebnissen mithilfe von Lösungsblättern oder -mappen, in der Auswahl von angebotenen Übungs- und Lernmaterialien und in der freien Zeiteinteilung (innerhalb eines vorgegebenen Rahmens). Häufig können auch der Lernort und die Lernpartner sowie die Art der Hilfestellung frei gewählt werden. Die Beurteilung erfolgt bei den offenen Lernformen meist in schriftlicher Form und verbal aufgrund von laufenden Lernzielkontrollen, die aber nicht für alle Schüler zur gleichen Zeit, sondern individuell stattfinden. Die Form eines Beurteilungsbuches (Pensenbuch, -katalog, Lernzielkatalog) ist sehr verbreitet. Sie geht viel stärker auf persönliche Stärken und Schwächen ein als ein Notenzeugnis und Defizite werden als Lernchance (vgl. „Zone der proximalen Entwicklung") aufzeigt.

All dies hat die Entfaltung der Persönlichkeit und der ihr innewohnenden Fähigkeiten und Individualität zum Ziel – und damit Chancengleichheit, Kreativität und Selbsttätigkeit.

---

selbstständig und kooperativ mittels eines vorher strukturierten Lernangebots lernen können (vgl. TRAUB 2003).

5.2.3   Lernspiele

Den optimalen Kontext für die Anreicherung von Spielen durch Lernaktivitäten bieten digitale Lernspiele, v. a. die sog. Massively Multiplayer Online Games (MMOG), da sie neue Möglichkeiten bieten, Lernprozesse bewusst zu stimulieren.[67] Die treibenden Kräfte hinter diesen Spielen sind das sofortige Feedback – ohne Zeitverzögerung, dauerhaft zugänglich, ohne Bewertung von Trainern oder Lehrenden – sowie die Erfahrung der eigenen Fähigkeiten und Fertigkeiten im Vergleich zu den anderen Spielenden. Die Spielwelt ist lose strukturiert, self-managed, die Spielteilnehmer sind Konsumenten und Produzenten zugleich, sie lernen durch das Tun, laden Informationen hoch und teilen ihre Ideen mit, geben sich untereinander Kommentare und Anleitungen, wie sie das Spiel verbessern könnten, sie machen ihr Denken in der „Community der Experten" sichtbar und identifizieren sich damit und tragen so zu einer kollektiven Intelligenz mit verteiltem Wissen bei (GEE/SQUIRE/STEINKUEHLER 2005). Ein großer Pluspunkt ist also:

> (…) playing and gaming are self-regulated activities, while learning – in most situations – is fundamentally teacher-regulated. Therefore in order to develop self-regulated learning it may be easier to enrich the self-regulated gaming behavior with learning activities, rather than to restructure the receptive classroom learning behavior. (RÜPPELL 2005: 72)

Die Vorteile solcher MMOGs – neuerdings wird der Begriff vermehrt mit „Role Playing" kombiniert (MMORPG) – liegen also auf der Hand. Der Transfer auf schulische Lernprozesse, die Anreicherung mit schulischen Lernaktivitäten, lässt jedoch noch auf sich warten.

5.2.4   Blended-Learning-Szenarien (BL-Szenarien)

Ein Grundproblem im Zusammenhang mit SGL besteht in der Tatsache, dass die dominante Perspektive der Lernenden im traditionellen Unterricht im

---

67 Massively (oder massive) Multiplayer Online Games sind die ultimative Erweiterung von Computerspielen (in denen ein einzelner Spieler gegen den Computer „kämpft"). In diesen Spielen verbinden sich eine große Menge an Spielern rund um den Globus, um gemeinsam (in sog. Clans, Stämmen, Gilden, …) in komplexen sozialen und kognitiven Interaktionen gegen andere Allianzen ein Ziel durch Planung, schnelle Entscheidung, Eroberung oder Kampf zu erreichen (vgl. auch Artikel „Massive Multiplayer Online Game" in *Wikipedia*).

Zuhören besteht. Über die Jahre verfestigt sich dieses Bild zunehmend, sodass die Lernenden ihren Lehrenden die Verantwortung für die Stimulation und Regulation des Lernprozesses zuschreiben. Die Lernenden tendieren zu einer Abhängigkeit von den Lehrenden, was die Akquisition von Informationen und Wissen betrifft – sie erwarten geradezu, dass die Lehrenden sie mit Lernmaterial versorgen, sie motivieren und die Verantwortung für den Lernprozess übernehmen (vgl. BOEKAERTS/NIEMIVIRTA 2005; BOEKAERTS 1999). Nun darf nicht der Fehler gemacht werden, diese Attitüde auf innovative BL-Konzepte zu übertragen (RÜPPELL 2005). Die Entwicklung der Informationsgesellschaft in den letzten Jahrzehnten mit der ihr zugrunde liegenden Konsumhaltung darf dabei nicht unerwähnt bleiben. Insofern hat „Social Software" mit dem Hype des Web 2.0 (vgl. S. 103) eine überfällige Gegenbewegung eingeleitet, wo das Produzieren wieder verstärkt ins Blickfeld rückt – zu Lasten der Konsumierung.

Durch den flächendeckenden Einsatz von Computern und Internet in den Schulen und deren große Verbreitung in den Haushalten[68] der Lernenden spielen „Technology enhanced learning environments" eine zunehmend bedeutendere Rolle auch beim institutionalisierten Lernen. Aber es stellt sich die Frage, ob die Tatsache, dass Lernende gerne mit dem Computer arbeiten bzw. lernen, auch bedeutet, dass sie im Vergleich zum herkömmlichen Unterricht leichter oder mehr lernen. In weiterer Folge muss die Frage erlaubt sein, ob sich die Lernenden damit das Wissen aneignen, welches in anderen Situationen hilfreich ist, welches sie transferieren können. In diesem Zusammenhang sei „The Learning Triangle" erwähnt, welches angelehnt an SALOMON und PERKINS (1989) die beiden unterschiedlichen Wege zum Transfer („low road" und „high road") grafisch darstellt (s. Abb. 19).

---

68 71% der österreichischen Haushalte waren im Frühjahr 2007 mit einem Computer ausgestattet (+22% in den letzten 5 Jahren), 60% hatten zum Befragungszeitpunkt einen Zugang zum Internet (+26% seit 2002), davon 77% mittels Breitband. Der Anteil der Internetnutzerinnen und -nutzer in der Altersgruppe der 16- bis 24-Jährigen lag bei 87% (vgl. Statistik Austria 2007). In Deutschland sieht es ähnlich aus, in der Schweiz noch besser. Der Bericht der Vereinten Nationen gibt folgende Zahlen der „Internet-Penetration" auf 100 Einwohner für das Jahr 2006 an: CH (58,3) – A (50,6) – D (46,7). Die Breitbandnutzung (auf 100 Einwohner) sieht folgendermaßen aus: CH (28,6) – A (17,2) – D (17) (vgl. UNCTAD 2007).

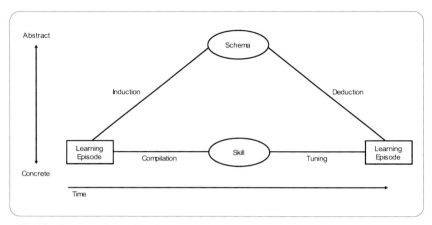

Abb. 19 The Learning Triangle (BEISHUIZEN 2005: 80)

Durch bloßes Üben in umfangreichem Ausmaß und entsprechendes Feedback auf die Ausführung erwerben die Lernenden „low level skills". In Lern-
spielen am Computer wird dieses „Low-road-learning" meist recht gut umgesetzt, indem die Lernenden motiviert werden, das Spiel öfter und länger zu
spielen. Eine Automatisierung stellt sich erst ein, wenn etwas in verschiedenen Kontexten häufig geübt wird, sodass die Handlung oder das Verhalten
später ohne Intention, implizit abläuft. Im Gegensatz dazu bedarf „High-
road-learning" des bewussten Einsatzes von Dekontextualisierung eines Prin-
zips oder eines Leitgedankens, häufig metakognitiv gesteuert und mit Anstrengung verbunden. Dieses so gewonnene Schema ist dann ein Transfer-
kandidat. Induktion und Deduktion sind die Basisschritte, um zu Transfer-
wissen zu gelangen, sie sind dafür verantwortlich, dass die Menschen un-
aufhörlich ein kognitives Verständnis für die Welt, in der sie leben, bilden
wollen (vgl. BEISHUIZEN 2005; SALOMON/PERKINS 1989).

Im Idealfall sollten BL-Szenarien die Möglichkeiten bieten, sich sowohl
Fähigkeiten und Fertigkeiten mittels „Low-road-learning" als auch Konzeptwissen mittels „High-road-learning" (beispielsweise durch Planung, Steuerung und Reflexion) anzueignen, um dies in neuen und unvorhergesehenen
Situationen sicher anwenden zu können. Im „Anchored instruction"-Ansatz
(vgl. S. 90) wurden hauptsächlich videobasierte Ankerpunkte gesetzt bzw.
empfohlen, da dieses Medium eine reichhaltigere, dynamischere und realisti-
schere Informationspräsentation ermöglicht als beispielsweise Textmaterial.

Es spricht nichts dagegen, diesen Ansatz nun auf digitale Medien auszu-
weiten. EULER (2002) fasst die Diskussion um die didaktischen Potenziale
der neuen Medien zusammen, indem er meint, dass sie

a) anschauliche Präsentationen (in einem Medium) inklusive besserer
    Transportmöglichkeit von Affekten und Emotionen,
b) die aktive Auseinandersetzung mit den Lerninhalten,
c) die Lernprozess-Individualisierung aufgrund der Unabhängigkeit von
    örtlicher und zeitlicher Bereitstellung der Lerninhalte und
d) die Bereitstellung aktuellerer Inhalte ermöglichen.

BL-Szenarien bieten überdies die Möglichkeit der Individualisierung auf der
Ebene der persönlichen Kommunikation. Von daher wäre es wünschenswert,
die Lernenden mittels elektronischer Medien persönlich in der Praxis der
Selbstreflexion und in ihrem Prozess der Zielerreichung zu unterstützen. Die
Individualisierung soll nach DEITERING (1998a) bewirken, dass sich Lernkompetenz, Selbstvertrauen und Selbstwertgefühl entwickeln – nicht zuletzt
entstehe eine neue Form der sozialen Betreuung. Lernen mithilfe des Inter-
nets bringt nach SIEBERT (2006) die Vorteile der Vernetzung verschiedener
Informationsquellen inklusive eines schnellen Zugriffs und Aktualität sowie
zeitnahen Austauschs mit anderen mit sich, von selbstständigem Recher-
chieren, Autonomie und Selbstbestimmung der Lernenden, und fördert die
Medienkompetenz der Nutzer. Und nicht zuletzt bieten die sog. neuen
Medien die oft erwähnten Vorteile der Multi-Medialität, -Modalität, -Coda-
lität, -Linearität und -Interaktivität[69] (vgl. auch REINMANN 2005). BL scheint
also wie geschaffen, um persönliche Lernpfade von Lernenden zu ermöglichen. Die sog. neuen Medien tragen ihren Teil dazu bei, um motivierendes
und zeitsparendes Feedbackgeben und Coaching von einzelnen Schülern oder
Schülergruppen umsetzen zu können.

5.2.4.1 E-tivities

Um aktives und interaktives Online-Lernen gelingen zu lassen, hat SALMON
den Einsatz von sog. „E-tivities" vorgeschlagen (SALMON 2004b). Das sind

---

69 Medialität – verschiedene Medien; Modalität: verschiedene sensorische Systeme
   (Reize); Codalität: verschiedene Formate zur Codierung (verbal, piktorial); Linearität:
   z. B. Hypertexte; Interaktivität: von sog. „Page-turnern" (nicht interaktiv für den Lernprozess) über Hilfestellungen zum Bedienen, Richtigstellen, Feedback etc. bis zu
   Tempoanpassung, sequenzieller und inhaltlicher Interaktivität und Adaptivität

diverse Aufträge als Vorstufe oder Auflockerung für das virtuelle Arbeiten und Lernen. Sie charakterisiert diese Online-Aktivitäten mit Attributen wie motivierend, Gewinn bringend und zielgerichtet, von E-Moderatoren und E-Moderatorinnen entworfen und betreut, meist in schriftlicher interaktiver Form, asynchron etc.

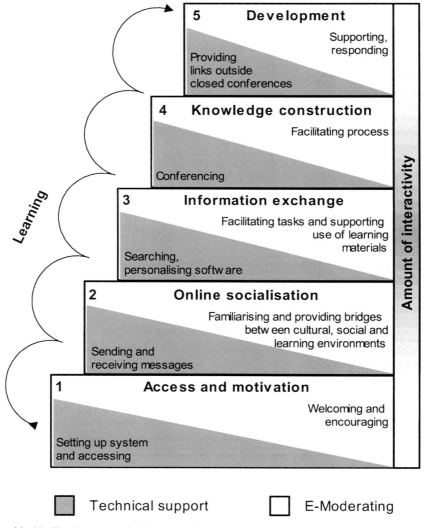

Abb. 20 The 5 stage model (SALMON 2004a)

Das Wissen um ihr „5-Stufen-Modell" (s. Abb. 20) erleichtert den Zugang. Dieser strukturierte Stufenprozess erlaubt es den Teilnehmenden, schrittweise mit der Lernumgebung und der Technik vertraut zu werden und auf den erworbenen Fähigkeiten aufzubauen. SALMON hat das Modell allerdings zu einer Zeit entwickelt, in der es nicht für jedermann selbstverständlich war, Computer und Standardsoftware zu beherrschen. Deshalb sind ihr die ersten zwei Stufen (Zugang, Motivation und Onlinesozialisation) von enormer Wichtigkeit. Doch es darf bezweifelt werden, ob es sich bei den heutigen Jugendlichen, bei den „natives" der digitalen Welt, auch so verhält. Im Idealfall schreiten die Online-Lernenden von der Stufe „Zugang und Motivation", über die Ebenen „Online-Sozialisation", „Informationsaustausch" und „Wissenskonstruktion" bis zur höchsten Stufe „Weiterentwicklung" fort. Sie werden dabei von E-Moderatoren oder E-Moderatorinnen betreut (vgl. Abb. 20).

5.2.4.2 Wiki-Systeme

Der Begriff Wiki[70] wird v. a. auch als Beispiel für „Social Software"[71] und Web 2.0[72] herangezogen und kann kurzgefasst mit dem Prinzip „Jeder darf alles editieren" beschrieben werden. Ein WikiWeb besteht aus vielen Einzelseiten, die von mehreren Teilnehmenden bearbeitet und untereinander verlinkt werden können, ohne dass diese HTML-Kenntnisse haben müssen. Wikis als sog. offene Autorensysteme haben sich im Unterricht bei der Durchführung von Projekten und zur Dokumentation (von gemeinschaftlichen Aktivitäten) bewährt (vgl. auch BAUMGARTNER et al. 2004; HIMPSL 2007). Zwei große Pluspunkte zeichnen Wiki-Systeme aus (HÄFELE/MAIER-HÄFELE 2005):

---

70 Kurzform für WikiWeb oder WikiWiki, wobei „wiki" den hawaiianischen Ausdruck für „schnell" bezeichnet, „wiki wiki" die Steigerung von „wiki", also sehr schnell (vgl. Artikel „Wiki" in *Wikipedia*)

71 Soziale Software ermöglicht bzw. fördert das menschlichen Kommunikation, Interaktion und Kooperation.

72 Geprägt von DALE DOUGHERTY und TIM O'REILLY, stellt der Begriff den Konsumenten auch als aktiven Produzenten in den Mittelpunkt des Webgeschehens; interaktive und kollaborative Phänomene sind der Ausdruck dieses neuen Webverständnisses; typische Beispiele: Wikis, Weblogs, *Flickr*, *YouTube*, Tauschbörsen usf.

a) Die verschiedenen Versionen und Bearbeitungsstände sind jederzeit einsehbar und reaktivierbar.

b) Es besteht die Möglichkeit, „lernende Texte" zu erstellen, also Texte, die jederzeit – auch von anderen Teilnehmern – geändert und aktualisiert werden können.

Bei den Qualitätskriterien für Didaktik stößt man auf die Aussagen, die dies unterstützen:

> Beim Einsatz von E-Learning im Unterricht geht es nicht vorrangig um die Frage nach dem optimalen Medium, sondern vielmehr darum, wie gut es den Lehrenden gelingt, mit Hilfe eines bestimmten Mediums die Lerninhalte optimal zu vermitteln, und den Lernprozess zu fördern. (…) Daher spielt die Kommunikation und die Interaktion zwischen Lehrenden und Lernenden und zwischen den Lernenden eine große Rolle. (HAMETNER et al. 2006: 10)

5.2.5   Lernen lernen

Die besten Voraussetzungen für eine nachhaltige Förderung des SGL bietet die Einbettung in den Lehrplan – beispielsweise in Österreich (vgl. bm:ukk 2000). Zwei Ansatzpunkte scheinen in dem Zusammenhang wichtig: einerseits die curriculare Einbindung in Form von

a) Kern- und Erweiterungsbereich – der Erweiterungsbereich hat u. a. die Bedürfnisse und Interessen der Lernenden zu berücksichtigen – und

b) Unterrichtsprinzipien – in erster Linie scheint der Projektunterricht zur Entwicklung und Förderung SGL hervorragend geeignet. Hier können die Lernenden eingebettet in das soziale Umfeld Ziele setzen, Pläne zur Zielerreichung schmieden, sich ein strategisches Vorgehen überlegen, ein „Monitoring" des Prozesses machen, Zwischenergebnisse bewerten, Strategien anpassen usw.

Solche dynamischen Fähigkeiten, die selbsttätige und selbstständige Form des Lernens, sind dezidiert gefordert – dafür bieten sich projektartige und offene Lernformen besonders an.

Andererseits fordert der Lehrplan (ebd.) im didaktischen Bereich die Vermittlung von Lerntechniken. Sie sind eine unabdingbare Voraussetzung für selbsttätiges Erarbeiten von Kenntnissen und Fertigkeiten und sie dienen auch dem Zweck des lebensbegleitenden selbstständigen Bildungserwerbs. Bei den Leitvorstellungen ist die Rede von Selbstsicherheit sowie selbstbestimmtem und selbst organisiertem Lernen und Handeln. Bei den Aufgabenbereichen wird auf die selbstständige, aktive Aneignung, auf die kritisch-prüfende Auseinandersetzung mit dem verfügbaren Wissen hingewiesen. All dies lässt sich in das SGL hervorragend integrieren.

Andererseits bieten die Möglichkeiten der Autonomie auch die Chance, schulautonom Unterrichtsgegenstände einzuführen. Einige Schulen haben das Fach „Lernen lernen" im Stundenplan verankert. Nicht bekannt ist hingegen, inwieweit an diesen Schulen die entsprechenden Lehrstoffbeschreibungen, die auszuweisenden Bildungs- und Lehraufgaben, die didaktischen Grundsätze, die Abstimmung mit den Kern- und Erweiterungsbereichen der bestehenden Unterrichtsfächer mit dem Rahmenwerk des SGL in Einklang stehen. Es ist zu hoffen, dass sich der hier genannte Unterricht nicht nur im Schulen von Lernstrategien erschöpft, sondern dass auch neue Wege in der Vermittlung der diesbezüglichen Kompetenzen (auch in der Fortbildung der Lehrenden) gegangen werden (vgl. auch RANDI/CORNO 2005). Es ist von großer Wichtigkeit, den Lernenden nicht nur verschiedene Strategien zu erklären und beizubringen, sondern auch, wie diese mit anderen Modellen in einem größeren Zusammenhang stehen, wie sie damit auch ihre Motivation und ihr Verhalten beeinflussen können und so die Grundlage für selbstgesteuertes lebenslanges Lernen legen.

5.2.6   Lerntagebuch (LT)

Rituale sind Fixpunkte im Leben von Individuen oder Gemeinschaften – (an-) gewöhnte Handlungsabläufe. Sie können helfen, komplexe Aufgaben zu bewältigen, Orientierung oder Rhythmus zu finden. Das Führen eines Lerntagebuches (LT) verläuft analog zum Schreiben eines Tagebuches, mit Rückblick auf Vergangenes, Besinnung auf Gegenwärtiges und Zukünftiges. Was habe ich erlebt? Welche Stoffgebiete habe ich durchgemacht oder gelesen? Mit wem habe ich was besprochen? Wie habe ich mich in dieser oder jener Situation verhalten oder gefühlt? Was hat mich gefreut, was geärgert? Was muss ich wiederholen, was möchte ich behalten? Wo habe ich Schwierigkeiten? Wen muss ich fragen? Diese und ähnliche Fragen stellen unter anderem eine Form der Selbstevaluation dar. In weiterer Folge ist es ein (persönliches) Lernprozess-Protokoll.

SIEBERT (2006) systematisiert ein solches LT nach:

- Lernthemen und Inhalte;
- Lernerlebnisse, Einsichten und Ideen;
- offene Fragen und unklare Begriffe.

Das Lerntagebuch hat die Aufgabe, den persönlichen Lernprozess in den Mittelpunkt der Aufmerksamkeit zu rücken. Persönliche Reflexion und Feedback sowie Coaching (durch den Lehrer) sollen die Eigenverantwortung für das Lernen und den Lernerfolg mehr zum Schüler hin verlagern, was unter anderem zur Steigerung motivationaler Aspekte beitragen kann. Durch das Führen des Lernjournals (Lerntagebuchs) in digitaler Form können persönliche Lernprozesse über längere Zeiträume verfolgt und sichtbar gemacht werden. In weiterer Folge soll die Verantwortung dafür verstärkt in die Hände der Lernenden gelegt werden. Die Lernenden müssen beim Führen eines LT die eigenen Lernprozesse in schriftlicher Form explizieren, was auf eine tiefere Verarbeitung und längerfristiges Verhalten des Gelernten abzielt (RENKL et al. 2004).

Die Lernenden stehen v. a. beim Lernen im virtuellen Raum vor der Aufgabe, „die verschiedenen Wissensvermittlungs-, Wissensanwendungs- und Wissenstransferphasen sinnvoll zu strukturieren und zu bewältigen. Ein ‚Lerntagebuch' kann die Lernenden genau in diesen verschiedenen Phasen unterstützen" (BETT 2007: 1). Das regelmäßige Führen eines LT fördert durch die Reflexion und die Verschriftlichung des eigenen Handelns das längerfristige Behalten komplexer Inhalte, macht den roten Faden durch die Lernepisoden sichtbar und kann eigene Lernstrategien bewusst machen und so die Grundlage für Veränderung und Anpassung derselben darstellen. Wenn es gelingt, Querverbindungen zu anderen Inhalten und dem persönlichen Vorwissen herzustellen, ist ein großer Schritt in Richtung Verantwortlichkeit für den eigenen Lernprozess gemacht, auch das Geben von Rechenschaft unterstützt dies und zugleich die Lernmotivation (ebd.).

In der Praxis haben sich neben sog. „naiven" LT (also ohne Vorstrukturierung) und Prüfungsvorbereitungs-LT (z. B. eine Woche lang täglich die eingesetzten Strategien erfassen) Formen von Lernprotokollen bewährt, die

a) regelmäßig in bestimmten Zeitabständen geführt werden,
b) (wenigstens am Beginn) eine vorgegebene Struktur aufweisen (Satzanfänge, Fragestellungen, Überschriften, Tabellen) und
c) nicht nur kognitive Prozesse berücksichtigen, sondern auch Motivationen und Affekte.

Dabei ist es unerheblich, ob das Lernjournal[73] bzw. LT online oder offline geführt wird – oder als sog. Arbeits- oder Entwicklungsportfolio. Je nach

---

73 Journal meint eher den prozessorientierten Rückblick nach längeren Arbeitsperioden bzw. nach Abschluss einer Lerneinheit (vgl. HESKE 1999).

Ansatz und Absicht können die Lerntagebücher ausgetauscht und verglichen werden bzw. öffentlich auf einer Lernplattform respektive im Internet – in einer geschlossenen Lerngruppe oder gänzlich „public" – zugänglich gemacht werden. Sie können in der Lerngruppe vorgelesen werden, sie können einem „Peer-review" unterworfen werden bzw. Teil eines Lerntandems[74] sein oder den Lehrenden zu Feedbackzwecken (ein- oder beidseitig) zur Einsichtnahme abgegeben werden usw. Durch das bewusste und aufmerksame Erleben und Gestalten der Lernprozesse tragen LT zur Nachhaltigkeit des Lehrens und Lernens bei. Sie können ein integraler Bestandteil des Unterrichts werden und ermöglichen schließlich auch eine persönliche Lerndiagnose, entweder durch die Lernenden selbst oder durch Lehrende oder Eltern.

Es wurde mehrfach argumentiert, dass es für eine effektive Umsetzung des SGL notwendig ist, die Strategien dafür in den Lernalltag oder besser gesagt in die Lernumgebung einzubauen. In weiterer Folge ist es wichtig, die Lernenden mit den diversen Strategien Erfahrungen machen zu lassen und anfangs stark strukturierte Interventionen zur Verbesserung der Fertigkeiten zu setzen. Positive Erfahrungen hinsichtlich der Fähigkeiten zur Selbststeuerung sind die Voraussetzung, dass Lernende die diversen Selbststeuerungstechniken in ihrem aktuellen Lernprozess auch einsetzen (vgl. CHO 2004). Ein Lerntagebuch oder Lernjournal kann diesbezüglich hervorragende Dienste leisten, da es die metakognitiven Prozesse gut unterstützt und vor allem der eigenen Bewertung (Selbstevaluation) dient. In der Variante, bei der die Lehrenden Einsicht nehmen und Feedback geben können, wird die individuelle Anpassung von Strategien, Verbesserungsvorschlägen, Vertiefungen usw. sehr gut gefördert. Auch RENKL et al. (2004) erläutern die instruktionalen Möglichkeiten von LT am Beispiel „Schreiben mit Prompts (Aufforderungen)" und zeigen in ihren Befunden die Möglichkeit auf, produktive Lernaktivitäten beim LT-Schreiben mit „Prompts"[75] zu fördern.

Einen eigenaktiven, konstruktiven und kommunikativen Ansatz erfüllen LT, die in Gruppen geführt werden. Voraussetzung dafür ist wenigstens teilweise offener Unterricht und Teamarbeit. HESKE (1998) beschreibt seine

---

74 Tandem-Lernen (Lernpartnerschaft) ist eine Methode des kollaborativen Lernens. Dabei organisieren sich zwei Lernende als Team, sie tauschen sich aus und lernen voneinander. Sie sind emotional stark miteinander verbunden und gleich fortgeschritten, was Vorkenntnisse und Entwicklungsstufe betrifft (GRAF 2003).

75 z. B.: „Wie könnte ich die Hauptpunkte in eigenen Worten zusammenfassen?" oder „Was habe ich noch nicht verstanden?" (RENKL et al. 2004: 106)

Erfahrungen mit dem „Mathe Explorer Logbuch", wie er es genannt hat, als durchwegs positiv. Zu Beginn des Jahres bzw. Halbjahres wurden feste Gruppen zu vier bis sechs Personen gebildet, nach jeder Unterrichtsstunde machte ein Mitglied der Gruppe die Eintragung ins LT (Logbuch) mit Datum und Namen. Verantwortlich war die ganze Gruppe, Absprachen waren erwünscht. In regelmäßigen Abständen schrieb der Lehrer Rückmeldungen dazu, meist Lob für gelungene Eintragungen oder Kritik und Hinweise bei fehlerhaften Darstellungen oder Eintragungen. So war der Lehrer immer informiert, auf welchem Kenntnisstand sich die jeweilige Gruppe befand, entdeckte Defizite konnten von ihm kurzfristig aufgegriffen und abgeklärt werden. Die Schülerinnen und Schüler schätzten die Möglichkeit, vor Klassenarbeiten noch einmal das Wichtigste anhand des LT zu wiederholen. Wenn jemand gefehlt hat, hatte er die Möglichkeit, sich durch das Logbuch zu informieren und auf den aktuellen Stand zu bringen. Die Eintragungen wurden teilweise in der Gruppe gemeinsam besprochen, Arbeitsergebnisse und offene Fragen wurden protokolliert. Einige formulierten Gelerntes mit eigenen Worten, andere schrieben „Merktexte" und Erklärungen, angelehnt an das Heft bzw. an das Buch. Als Hilfestellung gab es angefangene Sätze, wie z. B.: „Heute haben wir gelernt, …"

Die ständige Konfrontation mit Fragen wie „Was haben wir heute gelernt?" stellt eine kontinuierliche Reflexion des Lernprozesses dar und begünstigt den Lernerfolg (vgl. auch HESKE 1999). Wie schon erwähnt, sind verschiedenste Formen denkbar, ein LT zu führen: alleine, in Partnerarbeit oder in Gruppen, ohne oder mit Einsicht durch Mitschüler oder Lehrer, kommentiert durch Lernpartner, Klassenkameraden oder Lehrende, … Dabei bringen die neuen Medien den Vorteil mit sich, dass die Lernenden immer und überall das LT führen können (als Blog, Wiki, Journal, …) und die Lehrenden den Vorteil haben, jederzeit und von überall zum Zwecke des Coachings, der Rückmeldung und Anpassung des eigenen Unterrichts darauf Zugriff zu haben.

5.3 Zusammenfassung

Kapitel 5 befasst sich einerseits mit den erwünschten Kompetenzen von Lernenden und Lehrenden, damit SGL erfolgreich umgesetzt werden kann.

Neben der Sach-, Methoden- und Sozialkompetenz sind Metakognition und Reflexion von großer Wichtigkeit. Auch die Lehrenden benötigen zusätzliche Kompetenzen. SIEBERT (2006) umschreibt die Kompetenzen und Verhaltensweisen des „Lernberaters" mit: Experte, Zuhörer, Frager, „Facilitator"[76] und Trainer. Es gilt, Lernumfelder zu gestalten, in denen die Lernenden Strategien bewusst einsetzen und das Beobachten und Bewerten ihrer Handlungen trainieren können. Um in BL-Szenarien erfolgreich und selbstgesteuert lernen zu können, benötigen die Lernenden sowie die Lehrenden entsprechende IKT-Kompetenzen. Die Lehrenden müssen zusätzlich didaktisches Know-how haben, was den virtuellen Raum betrifft.

Andererseits hat dieses Kapitel praktische Unterrichtsformen zum Inhalt, die SGL ermöglichen bzw. fördern. Lernen in Projekten setzt ganzheitliche, selbstorganisierte Lernprozesse durch reale Aufgaben in Gang. Offene Lernformen ermöglichen es, authentische Themen sowie realistische Problemstellungen in multiplen Kontexten aus vielen verschiedenen Perspektiven zu betrachten und in kooperativen Arbeitsformen zu bearbeiten. Lernziele, Zeiten und Orte, Methoden und Arbeitsformen werden von den Lernenden selbstständig und eigenverantwortlich festgelegt. Lernspiele können Lernprozesse stimulieren, ermöglichen sofortiges Feedback, sind dauerhaft zugänglich und erlauben den Vergleich mit den Kompetenzen der anderen Spieler. In BL-Szenarien sollten sowohl Fähigkeiten und Fertigkeiten („Low-road-learning") trainiert als auch Konzeptwissen („High-road-learning") angeeignet werden können. Der didaktische Mehrwert neuer Medien betrifft u. a. die anschauliche Präsentation, die aktive Auseinandersetzung mit den Lerninhalten, die Individualisierung von Lernprozessen sowie die Aktualität. Elektronische Medien ermöglichen ein persönliches Coaching der Lernenden und das Beschreiten persönlicher Lernpfade. Das Wissen um „E-tivities" und das 5-Stufen-Modell von SALMON erleichtern es den Lehrenden, die virtuelle Zusammenarbeit zu fördern. Wiki-Systeme eignen sich gut für das gemeinsame Arbeiten an einem Thema oder in einem Projekt. „Lernen lernen" als eigenes Fach oder als Unterrichtsprinzip hat ein großes Potenzial, um SGL zu fördern und die Lernenden in ihrer Selbststeuerung zu schulen und zu unterstützen. Lerntagebücher (LT) schließlich sind ein hervorragendes Werkzeug für Reflexion und Metakognition. Lernprozesse werden hinterfragt, Ergebnisse bewertet, Planungen erstellt und Strategien entwickelt. Das alles kann

---

76 Facilitate – engl. ermöglichen

allein, zu zweit, in der Gruppe, mit Feedback durch „peers" oder durch Lehrende geschehen.

6 Empirische Untersuchung

Dieses Kapitels befasst sich mit der Frage, wie Blended-Learning-Szenarien zum selbstgesteuerten Lernen beitragen können, insbesondere ob bzw. inwieweit der Einsatz eines digitalen Lerntagebuches (LT) das selbstgesteuerte Lernen von Schülerinnen und Schülern der Sekundarstufe I fördern kann. Dieser Frage wird mithilfe einer empirischen Untersuchung nachgegangen. Ziel der Untersuchung ist die Erfassung von verwendeten Lernstrategien sowie deren Veränderung durch die Intervention „Lerntagebuch" (LT). Die zentrale Frage dabei ist, ob durch den Einsatz des LT die Anwendung von Lernstrategien als Ausdruck von Selbststeuerungstechniken verbessert werden kann. Des Weiteren wird der Frage nachgegangen, welche Kompetenzen im Hinblick auf die Selbststeuerung beim Lernen besser gefördert werden sollten. Die Evaluation des LT, dessen Akzeptanz, Nutzen sowie die Transfermöglichkeit des Gelernten auf andere Fächer und „Lehr-Lernsettings" ergänzen die Untersuchung. Aus den Rückmeldungen der Schülerinnen und Schülern lassen sich Rückschlüsse auf die organisatorischen und technischen Rahmenbedingungen in der Schule und bei den Lernenden zu Hause ziehen.

6.1 Rahmenbedingungen

Die Teilnehmenden an der Untersuchung waren Schülerinnen und Schüler der vierten Klassen einer österreichischen Hauptschule im Schuljahr 2006/07. Die Schule wird als Schulversuch geführt und basiert auf der Grundlage des selbstständigen Lernens nach MARIA MONTESSORI. Im Unterschied zu einer herkömmlichen Hauptschule haben die Schülerinnen und Schüler von der ersten Klasse an wöchentlich mehrere Stunden Freiarbeit, die sich aus den Fächern Deutsch, Englisch, Mathematik, Biologie, Geografie und Geschichte zusammensetzen. In diesen offenen Unterrichtsphasen arbeiten die Lernenden mit Plänen aus den einzelnen Fächern, die sich über einen Zeitraum von mehreren Wochen erstrecken. Zur Kontrolle und Dokumentation ihrer Lernprozesse arbeiten die Schülerinnen und Schüler mit verschiedenen Planungshilfen und Kontrollblättern. Das LT war dabei im Untersuchungszeitraum ein zusätzlicher Aufwand.

In der ersten und zweiten Klasse bekommen die Schülerinnen und Schüler anstatt eines Zeugnisses ein Beurteilungsbuch, in welchem die Lehr-Lernziele von jedem Fach aufgeschlüsselt sind und deren Erreichung mit den drei Ampelfarben rot, orange und grün festgehalten werden. Der Unterricht im Rahmen dieses Schulvesuches erfolgt in den vier Jahren der Hauptschulzeit in leistungsheterogenen Gruppen – also nicht wie in der österreichischen Hauptschule üblich in sogenannten Leistungsgruppen, in denen Kinder entsprechend ihren Leistungen in den Hauptfächern Deutsch, Englisch und Mathematik in homogenen Gruppen zusammengefasst und unterrichtet werden.

6.2   Intervention „Lerntagebuch" (LT)

Aus der Vielzahl der Möglichkeiten, ein Lerntagebuch (LT) zu gestalten bzw. zu führen, wurde die digitale Version gewählt. Ein persönliches Lernprozess-Protokoll (vgl. auch Abschnitt 5.2.6, S. 105) soll die Lerninhalte (Themen), die Lernerlebnisse sowie Fragen oder Unklarheiten beinhalten und damit den persönlichen Lernprozess ins Zentrum der Aufmerksamkeit stellen (s. Abb. 21). Um den Schülerinnen und Schülern Hilfestellung zu geben und allzu naive Einträge zu verhindern, wurden zwei verschieden strukturierte Beispiele vorgegeben, an denen sie sich orientieren konnten (s. Anhang, S. 146). Auf der verwendeten Lernplattform *Moodle* wurde ein Kurs „Mathematik 4. Klasse" (s. Anhang, S. 145) eingerichtet. Dieser Bereich war passwortgeschützt, sodass nur die berechtigten Lehrenden und Lernenden darauf Zugriff hatten. Um ein chronologisches Schreiben zu ermöglichen, persönliche Entwicklungen der Lernenden und Coachingleistungen der Lehrenden sichtbar machen zu können, wurde das LT im Untersuchungszeitraum von drei Monaten von allen Untersuchungsteilnehmenden als persönliches Wiki (s. Abschnitt 5.2.4.2, S. 103) geführt, was den Vorteil hatte, dass neben dem Betroffenen nur die Lehrenden darauf zugreifen konnten; den Mitschülerinnen und Mitschülern war der Zugriff darauf verwehrt. Die Entscheidung für ein Wikisystem als LT fiel auch aufgrund des problemlosen „Fortschreibens", wo jeder anschließend an den Beitrag des anderen einfach weiter-

schreiben oder Kommentare abgeben kann. Das Modul „Journal" der verwendeten Lernplattform hat nämlich den Nachteil, dass der Beitrag von Lernenden und der Kommentar der Lehrenden immer getrennt sind und sich so
kein chronologischer Verlauf ergibt. Um die Bedienung der BL-Werkzeuge
einfach und übersichtlich zu gestalten, kam nichts anderes als die den Schülerinnen und Schülern bereits bekannte Lernplattform *Moodle* in Frage. Ein
weiteres Erfordernis, das dadurch erfüllt werden konnte, war die geschlos-
sene Benutzergruppe, die auf den Kurs „Mathematik 4. Klasse" und die
Kommunikation darin überhaupt Zugriff hatte. Damit schieden auch Weblogs und E-Portfolio-Software aus, die bis dahin noch nicht in entsprechender
Qualität in der gewählten Lernplattform implementiert waren.

Montag,7.4.07

Mathematik

Mir geht es eigentlich mit dem Thema Zylinder sehr gut, denn
ich komme recht schnell voran. Ich bin schon beim letzten Blatt
vom Zylinder und komme jetzt gleich zum Kegel.

- Ich muss nur noch sehen, dass ich alle anderen
  Arbeitsblätter vor der Schularbeit fertigbekommme.

- Letzte Woche habe ich nicht so viel Mathematik
  gemacht, weil wir am Dienstag keine Freiarbeit
  hatten. Aber diese Woche mache ich wieder 2
  Stunden Mathe und hoffe, dass ich bis zum
  Kegel 2 oder 3 komme.

- In der Hausübung geht es mir auch recht gut!

- In der Stunde gefällt mir dieses Kopfrechenspiel
  besonders gut, ich hoffe dass wir das wieder einmal
  machen werden!

Abb. 21 Beispielhafter LT-Eintrag einer Schülerin

6.3   Untersuchungsdesign

Der Untersuchung fußt auf einem einfachen „Pre-Post-Test-Design" mit einer „natürlichen" Untersuchungsgruppe. Einige Wochen nach Beginn des zweiten Semesters (Schulhalbjahres) 2006/07 wurde der „Pre-Test" durchgeführt. Er hatte die verwendeten Lernstrategien in acht Dimensionen zum Inhalt (s. Kap. 6.5). Dann erfolgte ca. drei Monate lang die Intervention in Form von Anleitungen und Coaching via Lernplattform. Das digitale LT wurde als persönliches Wiki geführt, auf das neben dem Lernenden nur die Lehrenden Zugriff hatten. Ende des Schuljahres wurde der „Post-Test" durchgeführt (s. Kap. 6.5, S. 116), der zusätzlich zu den Items aus dem ersten Fragebogen noch Fragen zur Akzeptanz des LT sowie zur direkten Veränderung durch das LT hatte. Ergänzend wurden beide Mathematiklehrerinnen zu ihren Erfahrungen mit dem LT befragt. Die empirische Untersuchung der Intervention und eine statistische Auswertung der Zugriffe auf den Kurs auf der Lernplattform umrahmen diese Studie.

6.4   Untersuchungsdurchführung

Die Teilnahme an der Befragung sowie am Führen des LT war zwar von den Lehrenden empfohlen, erfolgte aber freiwillig. Ein Schüler war das ganze zweite Semester (Schulhalbjahr) über nicht anwesend, alle anderen Schülerinnen und Schüler der beiden vierten Klassen haben sich an der Studie beteiligt ($n = 36$). Die Befragungen erfolgten im Informatikunterricht, zu dem sich insgesamt 32 Schülerinnen und Schüler angemeldet hatten. Vom Informatiklehrer wurde wöchentlich Zeit zur Verfügung gestellt, in der die Schülerinnen und Schüler nach Bedarf ihr Lerntagebuch weiterführen konnten. Die restlichen vier Schülerinnen und Schüler hatten jederzeit in Pausen, Mittagspausen oder Freistunden Gelegenheit dazu. Auch die beiden Klassenlehrerinnen stellten am Ende der Mathematikstunde oder in der Freiarbeit Zeit zur Verfügung, die die Schülerinnen und Schüler zum Eintragen ins LT nutzen konnten.

Der Informatiklehrer hat im Unterricht die verwendete Lernplattform erklärt und Hilfe und Unterstützung beim Anmeldevorgang sowie beim

Navigieren und kollaborativen Arbeiten gegeben (s. Anhang, S. 145). Die Lernplattform war während des gesamten Schuljahres 2006/07 im Internet erreichbar, so haben einige Lernende auch in ihrer Freizeit bzw. von zu Hause aus ihr LT ergänzt oder verändert. Die Schülerinnen und Schüler haben schon vor der Untersuchung einmal mit einem Wiki-System gearbeitet, sodass ihnen kooperatives und kollaboratives Arbeiten nicht ganz fremd war und die Bedienung keine großen Schwierigkeiten bereitete.

Mittels Fragebogen wurde im März 2007 der „Pre-Test" durchgeführt (s. Kap.6.5, S. 117). Der Test-Fragebogen wurde in einer Informatikstunde vorgelegt und online bearbeitet. Die verwendete Lernplattform *Moodle* stellt dafür ein schönes Zusatzmodul „Befragung" zur Verfügung. Anschließend wurde drei Monate lang das LT in Form eines persönlichen Wiki-Systems geführt. In Form von Anleitungen und schriftlichen Hinweisen zur Anwendung bzw. Verbesserung von wichtigen Lernstrategien erhielten die Schülerinnen und Schüler im Laufe der Untersuchung Unterstützung. Es wurden dazu Dokumente auf die Lernplattform gestellt und die Lernenden wurden per E-Mail benachrichtigt, dass hilfreiche Lerntipps zum Lesen, Download bzw. Ausdrucken auf der Lernplattform zur Verfügung gestellt wurden (s. Anhang, S. 146 ff.). Die LT wurden von den beiden Mathematiklehrerinnen bzw. vom Informatiklehrer unregelmäßig gelesen und kommentiert, einige beispielhafte Auszüge finden sich im Anhang (s. S. 155). In die drei Monate des Untersuchungszeitraumes fielen allerdings die Osterferien, die in Österreich obligate Wien-Woche der vierten Klassen (unter dem Motto „Österreichs Jugend lernt ihre Bundeshauptstadt kennen") sowie die gesetzlichen Feiertage im Mai und Juni samt den anschließenden autonom geregelten Ferientagen. Das bedeutet, dass die effektive Schul- und damit Interventionszeit mittels LT doch um einiges geringer war. Am Schulschluss 2006/07 wurde der „Post-Test-Fragebogen" online vorgelegt (s. Kap. 6.5). Er hatte neben den identischen Fragen aus dem „Pre-Test" noch einige Ergänzungsfragen zur direkten Veränderungsmessung sowie zur Tauglichkeit des LT zum Inhalt – dies auch deshalb, weil davon ausgegangen wurde, dass die Zusatzfragen die Ergebnisse des Lernstrategien-Inventars valider machen.

Anfang Juli 2007, nach Abschluss der Intervention, wurden die beiden Mathematiklehrerinnen mittels vorgegebener Items (s. Kap. 6.5) befragt. Den Abschluss bildete die Auswertung der Fragebögen, Befragungen und Zugriffe auf den betreffenden Kurs auf der Lernplattform.

6.5   Erhebungsinstrumente

Um das Ziel, die Erhebung der eingesetzten Selbststeuerungstechniken und deren Veränderung beim Einsatz eines LT in Mathematik, zu verwirklichen, wurde ein Fragebogen zu Lernstrategien gesucht und adaptiert. Das eingesetzte Lernstrategien-Inventar nach der Vorlage von METZGER/WEIN-STEIN/PALMER (2004) hat die Aufgabe, Lernstrategien zu ermitteln und sie verstärkt auszubilden, um das selbstständige Lernen (weiter) zu entwickeln.[77] Andererseits können durch das Führen eines digitalen Lerntagebuchs persönliche Lernprozesse über einen längeren Zeitraum verfolgt werden, die Schüler sollen dadurch in eigenverantwortlicher Weise selbstgesteuerter lernen. Zugleich können Schüler mit den Softwaretools einer Lernplattform gecoacht werden. Können LT oder Lernjournale die veränderten Rollen zwischen Lehrenden und Lernenden beim SGL aufzeigen? Machen sie es sogar notwendig, dass die Lernenden aktiv werden und mehr Verantwortung über ihren Lernprozess übernehmen? Hat das Führen eines LT sogar Auswirkungen auf den subjektiv empfundenen Lernerfolg?

Der Großteil der gängigen Fragebogen-Inventare (s. S. 25) wurde für das Studium erstellt, der restliche kleinere Teil ist zwar für Schulen ausgewiesen, fokussiert aber die Berufsschulen und setzt damit bei den ca. 16- bis 18-Jährigen an. Daher war es erforderlich, eine Adaption vorzunehmen. Es wurde der WLI-Schule (METZGER/WEINSTEIN/PALMER 2004) gewählt. Im Original enthält der Fragebogen 65 Fragen in acht Kategorien:

(1) Motivation (Wille, Selbstdisziplin, Fleiß, allgemeine Motivation),

(2) Zeitmanagement (zeitliche Planung beim Lernen),

(3) Konzentration (Aufmerksamkeit bei schulischen Aktivitäten),

(4) Angst (Sorgen, Zweifel, Ängste – bezüglich Lern- und Schulerfolg),

(5) Wesentliches erfassen (Hauptgedanken, wesentliche Inhalte erkennen),

(6) Informationsverarbeitung (Gedanken, Bilder, elaborieren, verstehen),

(7) Prüfungsstrategien (Vorbereitung, Verhalten),

(8) Selbstkontrolle (Lernfortschritt).

Ein Beispiel aus der Kategorie „Prüfungsstrategien" lautet: „In Prüfungen bin ich so nervös und durcheinander, dass ich die Aufgaben schlechter löse, als

---

77 Neben der Fortschrittsmessung („pre" – „post") wären auch möglich: Diagnose der Stärken und Schwächen beim Lernen; Beratung und Förderung (der Lernstrategien) individuell oder gruppenweise; Evaluation – Erfolg von Schulungs-/Trainingsmaßnahmen bei Lernstrategien.

ich es eigentlich könnte" (METZGER/WEINSTEIN/PALMER 2004: A). Die Items sind mit einer 5-stufigen Ratingskala versehen – in der Form:

a) trifft nie oder sehr selten zu
b) trifft eher selten zu
c) trifft etwa zur Hälfte zu
d) trifft häufig zu
e) trifft fast immer oder immer zu

Die acht Dimensionen wurden beibehalten, aber die Anzahl der Fragen auf je drei pro Dimension verringert. So hatte der Fragebogen insgesamt 24 Fragen zu den Lernstrategien (s. http://www.vwh-verlag.de/vwh/?p=202), eine zum Geschlecht und eine Identifikationsnummer, damit jeder „Post-Test-Fragebogen" eindeutig einem „Pre-Test-Fragebogen" zugeordnet werden konnte. Diese Vorgangsweise der reduzierten Fragenanzahl wurde auch deshalb gewählt, weil die Untersuchungsgruppe aus 13- bis 14-Jährigen bestand. Um eine möglichst situationsnahe Erhebung zu ermöglichen, wurden die Fragen explizit auf das Fach Mathematik eingeschränkt und auch mit Hinweisen auf die Lernsituation (Hausübung, gebundener Unterricht, Freiarbeit) versehen.

Zur Verdeutlichung folgt ein Beispiel aus der Dimension „Konzentration": „Ich finde es schwierig, im Mathematikunterricht aufmerksam zu sein." Die Antworten wurden auf einer 5-stufigen Ratingskala in folgender Form gegeben:

○ nie/sehr selten
○ eher selten
○ manchmal
○ eher haeufig[78]
○ sehr haeufig/immer

Voraussetzung für die Dimensionsbildung ist eine Reliabilitätsanalyse, d. h. man schaut, ob die Items der entsprechenden Dimension dasselbe Konstrukt erfassen. Dazu wird der α-Wert nach CRONBACH berechnet. Je höher dieser α-Wert in der betreffenden Kategorie ist, desto eindeutiger erfassen diese Fragen das betreffende Konstrukt. Mit der Anzahl der Fragen in einer solchen Dimension steigt auch der α-Wert, und zwar unabhängig vom Inter-

---

78 Aufgrund eines Problems mit Umlauten beim Export der erhobenen Daten aus der Lernplattform wurde diese Schreibweise im Fragebogen gewählt.

Korrelationskoeffizienten.[79] Bei nur drei Fragen ist ein Wert von 0,6 als Richtwert als ausreichend anzusehen (s. Tab. 3).

Tab. 3: Reliabilitätsanalyse

FB2: Dim. Angst	,626
FB2: Dim. Wesentliches	,685
FB2: Dim. Zeit	,662
FB2: Dim. Konzentration	,689
FB2: Dim. Motivation	,675
FB2: Dim. Information	,589
FB2: Dim. Prüfungen	,656

Die Reliabilitätsanalyse beim zweiten Fragebogen, also auf den „Post-Test" bezogen, ergab v. a. bei der Dimension „Selbstkontrolle" einen nicht zufriedenstellenden Wert (α = 0,252); sie wurde deshalb aus den Berechnungen genommen. Es muss bedacht werden, dass die Lernstrategien zum SGL ein sehr breites Gebiet darstellen. Um diese weitreichenden Dimensionen nur mit je drei Fragen erfassen zu können, müssen diese Fragen naturgemäß sehr unterschiedlich gestaltet sein, und bei multidimensionaler Datenbasis ist CRONBACHs α-Wert gewöhnlich niedrig (vgl. auch BORTZ/ DÖRING 2006).

Der „Post-Test" (s. http://www.vwh-verlag.de/vwh/?p=202) hatte zusätzlich zu den Fragen aus dem „Pre-Test" 25 Ergänzungsfragen in offener und geschlossener Form. Einerseits betrafen die zusätzlichen Items subjektiv empfundene Veränderungen durch das Führen des LT in den Kategorien „Motivation", „Zeitmanagement", „Konzentration", „Wesentliches erfassen", „Prüfungsstrategien" und „Selbstkontrolle". Ein Beispiel aus der Kategorie „Motivation" lautete:

„Durch die Verwendung des Lerntagebuches kann ich im Vergleich zu vorher das Lernen interessanter finden." Die Antworten wurden auf folgender bipolaren 5-stufigen Skala gegeben, um die Veränderung zu messen:

---

79 $\alpha = \dfrac{N \cdot \bar{r}}{1 + (N-1) \cdot \bar{r}}$; N = Testaufgabenanzahl, $\bar{r}$ = Mittel der Inter-Korrelationsko-

effizienten

○ ja/deutliche Verbesserung

○ eher besser

○ keine Veraenderung

○ eher schlechter

○ nein/deutliche Verschlechterung

Andererseits betrafen sie die Akzeptanz des LT durch die Lernenden, die subjektiv empfundene Nützlichkeit, die Unterstützung und das Coaching durch die Lehrenden sowie Verbesserungsvorschläge. Diese Fragen dienen u. a. auch der Evaluation. Folgendes Beispiel einer geschlossenen Frage samt 5-stufiger Ratingskala für die Antwort zeigt das Vorgehen: „Ich fand die Lerntipps ... ."

○ sehr hilfreich

○ eher hilfreich

○ teilweise hilfreich, teilweise nicht

○ eher nicht hilfreich

○ ueberhaupt nicht hilfreich

Die offenen Fragen wurden in folgender Form vorgegeben:

„Falls die technische Unterstützung deiner Meinung nach schlecht war, teile bitte mit, was schlecht war oder warum du sie schlecht findest. Was hättest du dir gewünscht?"

Die Befragung der Lehrerinnen wurde zum Zwecke der Erhebung der persönlichen Erfahrungen im Umgang mit dem LT als Planungs- und Reflexionshilfe für Lehrende und Lernende durchgeführt (s. http://www.vwh-verlag.de/vwh/?p=202). Neun offene Fragen wurden in Stichwortform vorgelegt. Sie betrafen die Aspekte Qualität des Schülerkontaktes, Beobachtung des Lernfortschritts, Auswirkung auf Unterrichtsplanung, -steuerung und -ab-

lauf, Zeitaufwand sowie eine persönliche Einschätzung von Stärken, Schwächen, Chancen und Gefahren. Es folgt ein Beispiel zur Verdeutlichung:

„Auswirkungen (Steuerung, Planung) auf deinen Unterricht?"

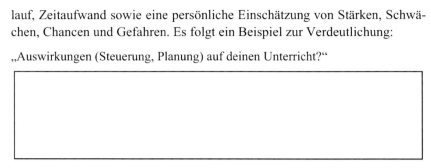

Die Beantwortung dieser Fragen erfolgte schriftlich per E-Mail. Ergänzend wurden die Zugriffszahlen der Lernenden auf der Lernplattform
erhoben, und zwar auf den Kurs „Mathematik 4. Klasse", der das „Projekt
Lerntagebuch" darstellte. Hier hinein fallen die Aufrufe der Anleitungen (s.
Anhang, S. 146), der unterstützenden Tipps (s. Anhang, S. 147) und die Ein-
stiege ins Wiki-System.

6.6   Statistische Verfahren

Für die Fragen aus dem „Pre-Test" und damit auch aus dem ersten Teil des
„Post-Tests" wurde, wie oben gezeigt, als Antwortformat eine 5-stufige Ratingskala vorgegeben. Auch ein Teil der Zusatzfragen zum LT und Coaching
erhielt eine ähnliche Skala (s. o.). Bei der Auswertung wurden zuerst die
Negationen umkodiert und dann die Antworten in die Werte von 1 (bedeutet
„nie/sehr selten" oder „ueberhaupt nicht hilfreich") bis 5 („sehr haeufig/
immer" bzw. „sehr hilfreich") transformiert. So gilt für all diese Fragen ein
hoher Wert als gut (Lernstrategie soll beibehalten werden) und ein niedriger
Wert als schlecht (diese Lernstrategie soll adaptiert werden). Bei den Fragen
zur Veränderungsmessung im „Post-Test" wurde auch eine 5-stufige Skala
gewählt, wobei die Antworten in Zahlenwerte von +2 („ja/deutliche Verbesserung") bis −2 („nein/deutliche Verschlechterung") transformiert wurden. Eine positive Veränderung drückt sich demnach in einem positiven Wert
ungleich 0 aus.

Die Daten wurden aus der Lernplattform als CSV-File[80] exportiert und so in der Statistiksoftware weiterverwendet. Neben den Häufigkeiten und Prozentauswertungen wurden deskriptive Statistiken mit Minimum, Maximum, Mittelwert und Standardabweichung bei der Auswertung gerechnet. In weiterer Folge wurden Reliabilitätsanalysen gerechnet und zum Vergleichen der Dimensionen „pre" und „post" ein „t-Test bei gepaarten Stichproben". Dabei werden die Mittelwerte von Variablen zu zwei Zeitpunkten für eine einzelne Gruppe verglichen. Es werden die Differenzen zwischen den Werten der zwei Variablen (vorher – nachher) berechnet, gefolgt von einer Überprüfung, ob der Durchschnitt von 0 abweicht.

Aufgrund der vorliegenden Stichprobe wird bei den angewandten Lernstrategien mit dem Hypothesenpaar H_0 (es gibt keine Veränderung) und H_1 (es gibt eine Veränderung) geprüft, ob die Mittelwerte vom „Pre-Test" (A) und „Post-Test" (B) gleich sind. Die Nullhypothese H_0 lautet also $E(A) = E(B)$, wobei $E(A)$ und $E(B)$ die erwarteten Mittelwerte von A und B in der Population sind. Zur Untersuchung der Nullhypothese wird die Paarungsstruktur der Datensätze verwendet, da jeder Messung von A genau eine Messung von B am selben Individuum zugeordnet ist. Die Differenzen $(D = A - B)$ sollten unter Annahme der Nullhypothese einen Mittelwert von Null haben. Sollte die Nullhypothese nicht zutreffen, weicht der Mittelwert der Differenzen systematisch von Null ab (positiv oder negativ). Wie weit der Mittelwert m von Null abweicht, wird in Einheiten des Standardfehlers berechnet, mit t-Werten. Statistische Signifikanz bedeutet demnach, wie leicht Abweichungen von t durch Zufall auftreten, wenn die Nullhypothese zutrifft. Sind diese sehr unwahrscheinlich, werden sie als signifikant bezeichnet. Berechnet werden sie mithilfe der t-Verteilung mit $(n - 1)$ Freiheitsgraden, wobei n die Anzahl der Untersuchungsteilnehmer darstellt (vgl. auch BORTZ/DÖRING 2006).

Ergänzend wurde für jedes Dimensionspaar ein Korrelationskoeffizient und dessen Signifikanzniveau berechnet. Der Korrelationskoeffizient gibt die Stärke des linearen Zusammenhangs zwischen den Messungen vorher und nachher an, ob die Befragten, die beim „Pre-Test" beispielsweise eine hohe Zustimmung angegeben haben, dies tendenziell auch beim „Post-Test" taten. Je größer der Betrag des Korrelationskoeffizienten, desto stärker ist der (lineare) Zusammenhang zwischen den beiden Messungen.

---

80 Comma Separated Values (CSV) ist ein Fileformat, wobei die einzelnen Werte durch
   ein Trennzeichen (z. B. ein Komma) getrennt sind.

Bei den Fragen zur direkten Veränderung war der Vertrauensbereich (Konfidenzintervall) von Interesse. Dazu wurde ein „t-Test mit einer Stichprobe" gerechnet. Mit dem Hypothesenpaar H_0 (es gibt keine Veränderung) und H_1 (es gibt eine Veränderung) wird geprüft, ob die Mittelwerte der subjektiven Einschätzung einer Veränderung durch das LT gleich Null sind oder in ihrer Abweichung von Null statistisch signifikant sind. Der Rückschluss auf statistische Signifikanz lässt sich aus dem Vertrauensbereich ableiten, wenn beispielsweise ein 95%-Konfidenzintervall nicht den Wert des Nulleffektes enthält. Die Nullhypothese H_0 lautet hier $E(C) = 0$, wobei $E(C)$ die erwarteten Mittelwerte in der Population sind.

Die Antworten auf die offenen Fragen wurden mit Kategorienbildung erfasst und dann quantifiziert. Die Antworten aus der Befragung der Lehrerinnen wurden zusammengefasst (s. Kap. 6.7.4, S. 134). Die Aktivitäten auf der Lernplattform wurden mit dem Berichtswesen der lernplattformeigenen Software erfasst und in ein Kalkulationsprogramm exportiert.

6.7   Ergebnisse

6.7.1   Untersuchungsteilnehmer

Die Untersuchungsgruppe bestand aus 36 Schülerinnen und Schülern aus den beiden vierten Klassen einer ländlichen Hauptschule in Tirol (Langkampfen). Die Klassenschülerzahl war sehr unterschiedlich (s. Tab. 4).

Tab. 4: Teilnehmende (Verteilung auf Klasse und Geschlecht)

		Häufigkeit	Prozent
Gültig	4a-Kl	23	63,9
	4b-Kl	13	36,1
	gesamt	36	100,0
	männlich	17	47,2
	davon 4a	11	30,5
	davon 4b	6	16,7
	weiblich	19	52,8
	davon 4a	12	33,3
	davon 4b	7	19,5
	gesamt	36	100,0

6.7.2 Statistische Ergebnisse

Die folgende Übersicht (s. Tab. 5) zeigt, wie die diversen Lernstrategien laut persönlicher Einschätzung am Beginn des Untersuchungszeitraumes angewandt wurden. Die fünfteilige Skala reicht vom Wert 1 (Strategie wird sehr schlecht angewandt) bis zum Wert 5 (Strategie wird sehr gut beherrscht).

Tab. 5: Deskriptive Statistik Fragebogen „pre"

	N	Minimum	Maximum	Mittelwert	Standardabweichung[81]
FB1-A1: Sorgen Schuljahr	36	3	5	4,11	,887
FB1-A2: Beurteilungen entmutigen	36	1	5	2,97	,971
FB1-A3: Nervös	36	1	5	2,61	1,022
FB1-W1: Verlieren in Einzelheiten	36	1	5	3,56	,998
FB1-W2: Was merken	36	1	5	3,56	,843
FB1-W3: Bedeutsames unterscheiden	36	1	5	3,42	1,025
FB1-Z1: Zeitdruck	36	1	5	3,19	1,238
FB1-Z2: Zeitrahmen	36	1	5	2,58	1,251
FB1-Z3: Aufschieben	36	1	5	3,08	1,180
FB1-S1: Unterrichtsmaterial durchgehen	36	1	5	2,92	1,105
FB1-S2: Verständnis im Unterricht	36	2	5	3,67	1,014
FB1-S3: Skizzen und Zeichnungen	36	1	5	2,56	1,229
FB1-K1: Aufmerksamkeit	36	1	5	3,69	1,142
FB1-K2: Abschweifen	36	2	5	3,61	,838
FB1-K3: Ablenkungen	36	1	5	2,72	1,085
FB1-M1: Ich mag Mathematik	36	1	5	3,17	1,183
FB1-M2: Anstrengung	36	2	5	4,11	,950
FB1-M3: Durchhalten	36	1	5	3,31	1,238
FB1-I1: Vorstellung	36	1	5	2,97	1,134
FB1-I2: Eigene Formulierung	36	1	5	3,33	1,042
FB1-I3: Ordnen und verstehen	36	1	5	3,36	1,073
FB1-P1: Auswendig lernen	36	1	5	3,67	1,146
FB1-P2: Zeiteinteilung	36	2	5	3,44	,998
FB1-P3: Lernen für Mathematik	36	1	5	3,11	1,326

81 Das verwendete Statistikprogramm gibt Kommazahlen ohne führende Null aus.

Der niedrigste Mittelwert mit 2,56 betrifft die Aussage: „Während ich für Mathematik etwas lerne, mache ich Zeichnungen und Skizzen, damit ich den Stoff besser verstehe." Dies zeigt, dass die Lernenden die symbolische und ikonische Ebene beim Lösen von mathematischen Problemen am wenigsten einsetzen. Sechs weitere Items liegen unter dem mittleren Skalenwert 3. Dies betrifft in erster Linie das Zeitmanagement und die Selbstkontrolle in Form von selbstständiger Wiederholung der Unterrichtsinhalte. In weiterer Folge sind das Aufmerksamkeitsverhalten und die Informationsverarbeitung (Vorstellungen von Sachverhalten) betroffen. Auch Angst und Entmutigung durch schlechte Beurteilungen fallen darunter. Die restlichen 17 Items liegen über dem mittleren Skalenwert 3. Wichtige Strategien zur Kategorie „Wesentliches erfassen" und zur Kategorie „Prüfungen vorbereiten und meistern" werden von den Lernenden offensichtlich eher erfolgreich angewandt. Die höchste Ausprägung haben die beiden Erhebungen: „Ich strenge mich an, um in Mathematik gute Noten zu erzielen" und „Ich mache mir Sorgen, dass ich das Schuljahr in Mathematik nicht schaffe".[82] Im Durchschnitt glauben also viele Lernende, dass sie sich in Mathematik entsprechend anstrengen und haben keine Angst, das Schuljahr nicht positiv zu absolvieren.

Die nächste Übersicht (s. Tab. 6) zeigt die deskriptive Statistik drei Monate später beim „Post-Test". Der niedrigste Mittelwert mit 2,39 betrifft folgende Aussage: „Bei meinen Arbeiten für Mathematik zuhause (Hausaufgaben, Lernen usw.) setze ich mir einen gewissen zeitlichen Rahmen und halte mich auch daran." Die Schülerinnen und Schüler haben offensichtlich ein Problem mit der persönlichen Zeiteinteilung zu Hause. Vier weitere Items liegen unter dem mittleren Skalenwert 3. Betroffen sind Strategien der Selbstkontrolle (selbstständiges Wiederholen und Vorstellung von Sachverhalten), Konzentration und Nervosität. 19 Items liegen über dem mittleren Skalenwert. Die höchste Ausprägung hat die Aussage: „Ich mache mir Sorgen, dass ich das Schuljahr in Mathematik nicht schaffe." In diesem Fall ist dies nicht verwunderlich, weil die Notenkonferenz schon vorbei war.

---

82 Zur Erinnerung: Ein hoher Wert ist positiv zu interpretieren, ein niedriger Wert bedeutet Verbesserungswürdigkeit.

Tab. 6: Deskriptive Statistik Fragebogen „post"

	N	Minimum	Maximum	Mittelwert	Standardabweichung
FB2-A1: Sorgen Schuljahr	36	2	5	4,19	,951
FB2-A2: Beurteilungen entmutigen	36	1	5	3,39	1,225
FB2-A3: Nervös	36	1	4	2,64	1,046
FB2-W1: Verlieren in Einzelheiten	36	1	5	3,53	1,028
FB2-W2: Was merken	36	1	5	3,39	1,076
FB2-W3: Bedeutsames unterscheiden	36	1	5	3,25	1,273
FB2-Z1: Zeitdruck	36	1	5	3,50	1,276
FB2-Z2: Zeitrahmen	36	1	5	2,39	1,128
FB2-Z3: Aufschieben	36	1	5	3,08	1,180
FB2-S1: Unterrichtsmaterial durchgehen	36	1	5	2,92	1,273
FB2-S2: Verständnis im Unterricht	36	1	5	3,61	1,202
FB2-S3: Skizzen und Zeichnungen	36	1	5	2,64	1,291
FB2-K1: Aufmerksamkeit	36	2	5	3,64	,990
FB2-K2: Abschweifen	36	1	5	3,31	,889
FB2-K3: Ablenkungen	36	1	5	2,97	1,207
FB2-M1: Ich mag Mathematik	36	1	5	3,14	1,313
FB2-M2: Anstrengung	36	2	5	3,97	,971
FB2-M3: Durchhalten	36	2	5	3,53	,910
FB2-I1: Vorstellung	36	1	5	3,14	,990
FB2-I2: Eigene Formulierung	36	2	5	3,22	,989
FB2-I3: Ordnen und verstehen	36	2	5	3,33	,862
FB2-P1: Auswendig lernen	36	1	5	3,56	1,252
FB2-P2: Zeiteinteilung	36	1	5	3,25	1,105
FB2-P3: Lernen für Mathematik	36	1	5	3,42	1,180

Die nachfolgende Tabelle 7 zeigt die Dimensionswerte von den Fragebögen „pre" und „post", wobei die Werte kleinen Schwankungen unterliegen. So sieht man z. B., dass in der Dimension „Wesentliches erkennen" der Minimalwert geringer geworden ist. In weiterer Folge bedeutet ein geringerer Mittelwert beim „Post-Test", dass mehr Lernende als beim „Pre-Test" angaben, die betreffenden Strategien weniger gut anzuwenden. Als einzige Dimension liegt „Zeit" mit 2,99 ganz knapp unter dem mittleren Skalenwert. Die höchste Ausprägung beim „Post-Test" hat die Dimension „Motivation".

Anstrengung, Durchhaltevermögen und Akzeptanz des Faches Mathematik werden von den Schülerinnen und Schülern am höchsten bewertet.

Tab. 7: Deskriptive Statistik Dimensionen

	Min. I	Min. II	Max. I	Max. II	Mw. I	Mw. II	Std. Abw. I	Std. Abw. II
FB: Dim. Angst	2	2	5	5	3,23	3,41	,680	,817
FB: Dim. Wesentliches	2	1	5	5	3,51	3,39	,615	,886
FB: Dim. Zeit	1	1	4	5	2,95	2,99	,873	,924
FB: Dim. Konzentration	1	1	5	5	3,34	3,31	,830	,814
FB: Dim. Motivation	2	2	5	5	3,53	3,55	,794	,840
FB: Dim. Information	2	2	5	5	3,22	3,23	,756	,703
FB: Dim. Prüfungen	2	2	5	5	3,41	3,41	,829	,909

Beim Vergleich der drei einzelnen Items aus dem Bereich „Selbstkontrolle" (s. S. 123 ff.) zeigt sich, dass sich das Item „Ich überlege während des Mathematikunterrichts, ob ich verstehe, was die Lehrerin sagt" leicht verschlechtert hat. Das Item „Während ich mein Unterrichtsmaterial für Mathematik durchgehe, suche ich darin nach Fragen oder Beispielen, die in einer Überprüfung vorkommen könnten" ist im „Post-Test" unverändert und das Item „Während ich für Mathematik etwas lerne, mache ich Zeichnungen und Skizzen, damit ich den Stoff besser verstehe" hat sich leicht verbessert.

Der Korrelationskoeffizient und dessen Signifikanzniveau sind in der folgenden Tabelle ausgewiesen. Mit 0,256 in der Dimension „Wesentliches erkennen" zeigt der Korrelationskoeffizient hier einen schwachen Zusammenhang, bei den anderen Dimensionen zeigt er einen mittleren bis starken Zusammenhang. Die Irrtumswahrscheinlichkeit ist bis auf die erwähnte Dimension „Wesentliches erkennen" auf dem 1%-Niveau signifikant. Die Hypothese, es bestehe kein linearer Zusammenhang zwischen den beiden Messungen, kann daher mit einer Irrtumswahrscheinlichkeit kleiner als 1% zurückgewiesen werden (s. Tab. 8).

Tab. 8: Korrelationen bei gepaarten Stichproben

		N	Korr.	Sig.
Paaren 1 *	FB 1: Dimension Angst & FB 2: Dimension Angst	36	,557	,000
Paaren 2	FB 1: Dimension Wesentliches & FB 2: Dimension Wesentliches	36	,256	,132
Paaren 3	FB 1: Dimension Zeit & FB 2: Dimension Zeit	36	,707	,000
Paaren 5	FB 1: Dimension Konzentration & FB 2: Dimension Konzentration	36	,785	,000
Paaren 6	FB 1: Dimension Motivation & FB 2: Dimension Motivation	36	,716	,000
Paaren 7	FB 1: Dimension Information & FB 2: Dimension Information	36	,486	,003
Paaren 8	FB 1: Dimension Prüfungen & FB 2: Dimension Prüfungen	36	,697	,000

* Die verwendete Statistiksoftware gibt das Ergebnis so aus (gemeint ist: Korrelationen bei den jeweiligen Paaren).

Der „t-Test für gepaarte Stichproben" zum Testen von Hypothesen über erwartete Werte einer Stichprobe ergab keine signifikanten Unterschiede zwischen „Pre-Test" und „Post-Test". Der Vollständigkeit halber sei die Auswertung hier angeführt. Sie zeigt für jede Dimension die Differenz der Mittelwerte, Standardabweichung und Standardfehler des Mittelwerts, das Konfidenzintervall (in dem erwartete 95% der Fälle liegen), den t-Wert, die Freiheitsgrade ($n-1$) und die Signifikanz (s. Tab. 9). Nicht signifikant bedeutet, das Ergebnis könnte auch durch Zufall zustande gekommen sein: Auch wenn die Nullhypothese (es gibt keine Veränderung) stimmt, wäre der t-Wert in mindestens 5% der Fälle vorstellbar. Nicht signifikant bedeutet aber nicht, dass die Veränderungen Zufall waren!

Tab. 9: t-Test bei gepaarten Stichproben

		Gepaarte Differenzen					T	df	Sig. (2-s.)
		Mw.	Std.-abw.	Std.-f. des Mw.	95% Konfidenzintervall der Diff.				
					untere	obere			
P. 1	FB 1: Dimension Angst - FB 2: Dimension Angst	−,176	,715	,119	−,418	,066	−1,477	35	,149
P. 2	FB 1: Dimension Wesentliches - FB 2: Dimension Wesentliches	,120	,940	,157	−,198	,438	,768	35	,447
P. 3	FB 1: Dimension Zeit - FB 2: Dimension Zeit	−,037	,689	,115	−,270	,196	−,323	35	,749
P. 5	FB 1: Dimension Konzentration - FB 2: Dimension Konzentration	,037	,539	,090	−,145	,219	,412	35	,683
P. 6	FB 1: Dimension Motivation - FB 2: Dimension Motivation	−,019	,617	,103	−,227	,190	−,180	35	,858
P. 7	FB 1: Dimension Information - FB 2: Dimension Information	−,009	,741	,124	−,260	,241	−,075	35	,941
P. 8	FB 1: Dimension Prüfungen - FB 2: Dimension Prüfungen	,000	,681	,113	−,230	,230	,000	35	1,000

Tabelle 10 zeigt, wie das LT durch die Lernenden angenommen wurde.

Tab. 10: Deskriptive Statistik Fragebogen „post" – Zusatzfragen

	N	Minimum	Maximum	Mittelwert	Standardabweichung
FB2-LT1: LT Bewertung gesamt	36	1	5	3,42	,967
FB2-LT2: LT Häufigkeit	36	2	5	3,83	1,000
FB2-TIPP: Tipps	36	1	5	3,25	1,131
FB2-CO1: Coaching Bewertung	36	1	5	3,64	1,268
FB2-CO2: Coaching mehrere Lehrer	36	1	5	3,44	1,132
FB2-LT3: LT andere Fächer	36	1	5	3,31	1,451
FB2-LT4: LT Dauer	36	1	5	2,83	1,298
FB2-CO3: LT Technikunterstützung	36	1	5	4,00	,926
FB2-CO4: LT Fachunterstützung	36	2	5	4,00	,793

Die einzige Erhebungseinheit, die unter dem mittleren Skalenwert liegt, betrifft die Dauer des Lerntagebuch-Einsatzes. Das Item „Ich hätte das Lerntagebuch gerne länger als 3 Monate geführt (z. B. ein Semester lang oder von Herbst weg)" hat den niedrigsten Mittelwert mit 2,83. Die restlichen acht Items liegen über dem mittleren Skalenwert. Das Coaching, auch durch mehrere Lehrende, sowie die Tipps zu den Lernstrategien wurden durchwegs als hilfreich empfunden. Die Lernenden waren ungefähr einmal pro Woche bereit, sich mit ihrem Lernverhalten im LT auseinanderzusetzen. Teilweise wäre auch in anderen Fächern das Führen eines LT vorstellbar. Die Idee des LT wurde als teilweise bzw. eher gut empfunden. Die zwei Items mit dem höchsten Wert 4,00 beziehen sich auf die technische (Lernplattform, Login/Kennwort, wie schreibe ich in einem Wiki, ...) und die inhaltliche (fachliche, mathematische, schulische) Unterstützung.

Abbildung 22 zeigt die Zugriffe der einzelnen Teilnehmenden innerhalb des Untersuchungszeitraumes, geordnet nach deren Häufigkeit. Sie bezieht sich auf den Kurs Mathematik und damit auf das „Projekt Lerntagebuch" mit den Anleitungen, Tipps und dem Wiki-System auf der Lernplattform. Der Maximalwert betrug 184 und der Minimalwert 10 Zugriffe, in Summe erfolgten 2406 Aufrufe im Untersuchungszeitraum.

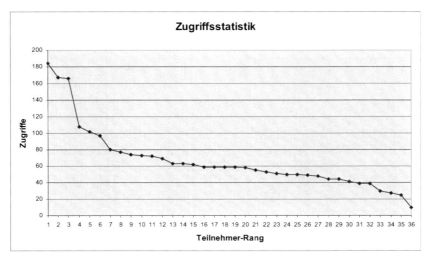

Abb. 22 Zugriffe auf das „Projekt Lerntagebuch" auf der Lernplattform

Tabelle 11 verdeutlicht die subjektive Einschätzung der Teilnehmenden zu den Veränderungen durch das LT.

Tab. 11: Deskriptive Statistik Fragebogen „post" – Veränderung

	N	Mini-mum	Maxi-mum	Mittel-wert	Standardab-weichung
FB2-L11: Planung	36	0	2	,44	,558
FB2-L12: Prüfungsvorbereitung	36	0	2	,39	,549
FB2-L13: Prüfungssituation	36	−1	2	,33	,632
FB2-L14: Motivation	36	−2	2	,47	,878
FB2-L15: Interesse	36	0	2	,44	,695
FB2-L16: Konzentration	36	0	2	,31	,577
FB2-L17: Wesentliches	36	−1	2	,31	,624
FB2-L18: Einschätzung	36	0	1	,44	,504
FB2-L19: Lernen	36	0	1	,31	,467

Die Mittelwerte aller neun direkten Fragen zur subjektiven Einschätzung der Veränderung durch das LT sind leicht über dem mittleren Skalenwert 0, welcher für „keine Veränderung" steht. Die Skala reichte von −2 (deutliche Verschlechterung) bis +2 (deutliche Verbesserung). Interessant scheint zu sein, dass bei drei Items einzelne Teilnehmende eine Verschlechterung für sich konstatieren. Diese sind der Meinung, dass sie durch das Führen des LT Prüfungen schlechter meistern, sich schlechter motivieren können bzw. Wesentliches des Lernstoffes weniger leicht erkennen können.

Tab. 12: Konfidenzintervalle

	Testwert = 0					
	T	df	Sig. (2-seitig)	mittl. Diff.	95% Konfidenz-intervall der Diffe-renz	
					untere	obere
FB2-L11: Planung	4,781	35	,000	,444	,26	,63
FB2-L12: Prüfungsvorbereitung	4,249	35	,000	,389	,20	,57
FB2-L13: Prüfungssituation	3,162	35	,003	,333	,12	,55
FB2-L14: Motivation	3,228	35	,003	,472	,18	,77
FB2-L15: Interesse	3,839	35	,000	,444	,21	,68
FB2-L16: Konzentration	3,179	35	,003	,306	,11	,50
FB2-L17: Wesentliches	2,937	35	,006	,306	,09	,52
FB2-L18: Einschätzung	5,292	35	,000	,444	,27	,61
FB2-L19: Lernen	3,924	35	,000	,306	,15	,46

Die tendenzielle Verbesserung in allen Bereichen ist sogar statistisch bedeutsam. Ein Blick auf die Konfidenzintervalle zeigt eine statistische Signifikanz auf dem 1%-Niveau (s. Tab. 12).

6.7.3   Ergebnisse der offenen Fragen zur Unterstützung

Eine der Fragen aus dem „Post-Test" nach der technischen Unterstützung lautete: „Falls die technische Unterstützung deiner Meinung nach schlecht war, teile bitte mit, was schlecht war oder warum du sie schlecht findest. Was hättest du dir gewünscht?" Von den 36 Teilnehmenden haben insgesamt sechs bei dieser Frage geantwortet. Die Rückmeldungen (Mehrfachnennungen) lauteten (s. Tab. 13):

Tab. 13: Auswertung „Technische Unterstützung"

Kategorie	Anzahl
Alles in Ordnung.	3
Mehr Lehrerrückmeldungen.	2
Es war sehr leicht zu bedienen.	1
Irgendwas fehlte mir. Aber was?	1
Das, was ich denke, schreibe ich nicht gern auf den Bildschirm nieder.[83]	1
Ich habe mein Ziel selber vor Augen gehabt.[84]	1

Eine weitere offene Frage wurde zur inhaltlichen Unterstützung gestellt. Im Kontext der vorausgehenden Frage nach der inhaltlichen (fachlichen, mathematischen, schulischen) Unterstützung lautete sie: „Falls die inhaltliche Unterstützung deiner Meinung nach schlecht war, teile bitte mit, was schlecht war oder warum du sie schlecht findest. Was hättest du dir gewünscht?" Von den 36 Teilnehmenden haben insgesamt auch nur sechs diese Frage beantwortet. Die Rückmeldungen (Mehrfachnennungen) lauteten (s. Tab. 14):

---

[83] Die Antwort bezieht sich wohl eher auf die Akzeptanz des LT in Form eines Wiki-Systems, da manche Menschen Schreiben als sehr persönlichen und intimen Prozess erleben und eher Probleme haben, dies im virtuellen Raum zu machen.

[84] Auch diese Antwort ist inhaltlich zu deuten, dass der oder die Betreffende auch ohne LT, Reflexion und Planung genau weiß, was er oder sie will.

Tab. 14: Auswertung „Inhaltliche Unterstützung"

Kategorie	Anzahl
Ich fand sie eigentlich gut!	4
In allen Fächern hätte ich es lieber nicht, auch wenn es wahrscheinlich sinnvoll wäre.	1
Schade, dass das Lerntagebuch nicht von Anfang an eingesetzt wurde.	1
Die eigene Meinung der Lehrer gegenüber dem Lernverhalten des Schülers hat gefehlt.	1
Dass wir kein normales Mathebuch hatten, sondern nur die Blätter, und die haben mir überhaupt nicht gefallen.[85]	1

Zu Evaluationszwecken wurden beim „Post-Fragebogen" vier offene Fragen nach dem Muster „Stärken – Schwächen – Chancen – Gefahren" gestellt. Im Unterschied zu den beiden obigen waren dies Pflichtfelder. Jede Antwort wurde nur einer Kategorie zugeordnet, sodass Trends besser herausgelesen werden können (s. Tab. 15).

Tab. 15: Auswertung „Das hat mich genervt"

Kategorie	Anzahl
Lehrer-Feedback	8
Regelmäßig eintragen	8
Nichts Nervendes	7
Zeitpunkt des Eintragens	3
Form des LT	3
Fehlende Information[86]	2
LT und Computer	2
Fehlende Disziplin	2
LT selbst	1

---

85 Die Klasse hat kein herkömmliches Mathematik-Schulbuch verwendet, sondern eine Arbeitsblättermappe. Darauf bezieht sich die Antwort, sie hat mit dem LT nichts zu tun.

86 Einige Schülerinnen und Schüler haben den Informatikunterricht nicht besucht und hatten deshalb weniger Informationen, weniger Kontakt mit dem Informatiklehrer und nur eine kurze Einschulung auf der Lernplattform und dem Wiki-System. Sie hatten aber eine funktionierende E-Mail-Adresse und bekamen die gleichen virtuellen Informationen wie ihre Mitlernenden. Allerdings hatten sie sicher weniger Gelegenheit, an Computern mit Internetzugang zu arbeiten, und es fehlte die „Face-to-face"-Kommunikation.

Tab. 16: Auswertung „Das fand ich gut"

Kategorie	Anzahl
Tipps und Hilfe	15
Kommentare durch die Lehrenden	11
Nichts	3
Alles	2
Undefiniert	2
Einsatz der Lehrenden	1
LT als Ergänzung	1
Internetkommunikation mit den Lehrenden	1

Tab. 17: Auswertung „Das sollte verändert/überdacht werden"

Kategorie	Anzahl
Nichts – alles in Ordnung	13
Einstieg und Bedienung Lernplattform/Wiki-System	5
LT-Pflicht[87]	4
Mehrere Fächer	3
Undefiniert	2
Gemeinsam ins LT eintragen (gewünscht)	2
Privates – offenes LT	2
LT für alle Schüler und Schülerinnen der Hauptschule	2
Regelmäßiges Feedback durch die Lehrenden	1
Informationen	1
Später weiterführen (nach der Hauptschulzeit)	1

---

87 Obwohl keine Pflicht zum Führen des LT bestand und keine Konsequenzen je in Aussicht gestellt wurden, haben manche Schülerinnen und Schüler den Gruppendruck und die freundlichen Aufforderungen ihrer Lehrenden als Pflicht empfunden.

Tab. 18: Auswertung „Das wäre auch eine Möglichkeit/Chance"

Kategorie	Anzahl
Nichts – keinen Vorschlag	15
Kein Eintrag (leeres Feld)	3
Zeit(-punkt) überdenken	3
Abstimmung auf den vorhandenen Wochenplaner[88]	3
Bedienung und (Formular-) Vorlagen	3
Gut so!	2
Undefiniert	2
Mehrere Fächer	2
Später weiterführen	1
Testen, ob das LT ernst genommen wird	1
Privatheit	1

Den Abschluss des Fragebogens bildete die allgemeine Frage „Was ich noch sagen möchte" (s. Tab. 19):

Tab. 19: Auswertung „Was ich noch sagen möchte"

Kategorie	Anzahl
LT ist eine gute Idee	10
Kein Eintrag (leeres Feld)	9
Nichts	8
Kein LT	2
LT für kommende Klassen weiterführen	2
Regelmäßiges Feedback durch die Lehrenden	1
Ende der HS-Zeit	1
LT – lästige Pflicht	1
Noten und Enttäuschung	1
LT – kaum benutzt	1

6.7.4   Ergebnisse aus der Befragung der Lehrerinnen

Beide Mathematiklehrerinnen sind zur Erkenntnis gelangt, dass sich die Qualität des Schülerkontaktes verändert hat, der Kontakt wertvoller geworden ist. Die Schülerinnen und Schüler denken oft anders, als man selber

---

88 Der Wochenplaner war in diesem Schuljahr obligate Planungshilfe und Dokumentationswerkzeug in der Freiarbeit.

meint, und sie trauen sich mehr zu sagen und zu fragen. Als Lehrerin muss man sich mehr Gedanken machen. Aufgrund der relativ kurzen Zeit hat sich keine neue Sicht auf die Lernfortschritte der Lernenden ergeben, nur bei einzelnen hat man einen guten Überblick über das aktuelle Lerngeschehen. Einen Gesamtüberblick über das Lerngeschehen in der Klasse (wie mit dem vorhandenen „Wochenplaner") haben die Lehrerinnen durch das Lerntagebuch nicht, weshalb es auch keinen Ersatz für die bisher verwendeten Planungs- und Kontrollblätter darstellt. Als Auswirkung auf die Planung und Steuerung des Unterrichts wurde die gute Möglichkeit der direkten Motivation und der persönlichen Kontaktaufnahme genannt. Der Zeitaufwand für das Geben von Feedback wurde als relativ groß, aber doch gerechtfertigt angesehen. Die Stärken dieser Form des LT-Schreibens bestehen einerseits darin, dass die Lernenden mehr über ihr Arbeiten nachdenken und vorausschauend arbeiten und reflektieren müssen. Andererseits kann man sich als Lehrerin sehr genau überlegen, was man einzelnen Schülern und Schülerinnen sagen möchte, wie man sie motiviert. „Schwarz auf Weiß wirkt oft mehr als Worte", hat eine Lehrerin gemeint. Als Schwächen wurden angeführt, dass das Bearbeitungsfeld etwas zu klein sei und aktuelle Einträge besser oben stehen sollten, sodass man weniger scrollen muss, wenn das LT länger wird. Die schriftliche Beantwortung von fachlichen Fragen sei sehr zeitintensiv, eine persönliche Klärung von Fragen im Unterricht wird für sinnvoller empfunden. Eine Art „news feed" wäre wünschenswert, sodass man immer informiert ist, wenn ein Lernender Einträge ins LT gemacht hat. Auch die mangelnde Qualität der Einträge durch manche Lernende wurde kritisiert. Als Gefahr wurde angeführt, dass man nicht kontrollieren kann, ob die Lernenden wirklich LT schreiben, oder unerlaubterweise im Internet surfen. Als Chance würde sich anbieten, eine Verbindung mit dem Mathematikbuch in Form eines Formulars herzustellen, wo die Schülerinnen und Schüler ankreuzen können, was sie erledigt haben oder wo sie Hilfe benötigen. Dies würde auch einen besseren Gesamtüberblick über die Lernfortschritte der Klasse bieten.

6.7.5   Auszüge aus dem Lerntagebuch

Im Anhang befinden sich exemplarisch zwei um Rechtschreibfehler, Zeilenabstände u. Ä. bereinigte Lerntagebücher. Namen wurden ausgelassen, sie sind somit anonymisiert (s. Anhang, S. 155).

6.8   Diskussion

Um die methodische Schwäche solcher Fragebögen auszugleichen – sie unterscheiden nicht nach spezifischen Lernsituationen, -material oder -fächern – wurden die Fragen explizit auf das Fach Mathematik beschränkt und dort auf die Unterrichtsformen Freiarbeit, gebundener Unterricht, Hausaufgaben und Lernzielkontrollen abgestimmt.

Auf Basis der vorliegenden Untersuchung können keine generellen und auch keine kausalen Aussagen abgeleitet werden, dazu bedürfte es experimenteller Untersuchungen mit einer Kontrollgruppe. Es können aber im Hinblick auf diese untersuchte Schülergruppe gewisse Tendenzen abgeleitet werden.

Die Reliabilitätsanalyse zeigt, dass die Dimensionen beim „Post-Test" zufriedenstellend sind – mit Ausnahme der Dimension „Selbstkontrolle". Auf die Problematik des α-Wertes nach CRONBACH wurde auf S. 117 f. schon eingegangen. Ergänzend sei erwähnt, dass zwischen zwei Zeitpunkten (Test – „Retest") der α-Wert stabil bleiben soll, sofern nicht eine Intervention, z. B. eine Strategienschulung, stattgefunden hat (vgl. METZGER 2004b), was bei der vorliegenden Untersuchung der Fall war. Selbstkontrolle ist ein komplexer Bereich und offensichtlich nicht mit wenigen Fragen zufriedenstellend statistisch zu erfassen.

Die vorliegenden Ergebnisse zeigen die Tendenz, dass keine Lernstrategie wirklich schlecht angewandt wurde und dass sich einige Bereiche leicht verbessert haben. Es muss aber wiederholt darauf hingewiesen werden, dass keine Signifikanz vorliegt! Unerwartet haben sich einzelne Items bzw. auch Dimensionen beim „Post-Test" geringfügig verschlechtert. Die Frage, ob dies Ergebnis einer natürlichen Streuung ist, oder ob dies mit einer realistischer gewordenen Einschätzung der angewandten Lernstrategien erklärt werden kann, kann nicht beantwortet werden.

Die Zusatzfragen im „Post-Test" zeigen eine relativ gute Akzeptanz des LT (s. S. 128). Einzig die Frage nach der Dauer des LT-Einsatzes liegt knapp unter dem mittleren Skalenwert 3, die restlichen acht Items liegen darüber. Es verlangt ja auch einiges an Konsequenz und Anstrengung, das LT regelmäßig zu führen. Die Ergebnisse lassen die Interpretation zu, dass LT ein geeignetes Mittel sind, um die eigenen Lernprozesse zu reflektieren und zu planen, einen tiefenorientierten Lernstil zu fördern und so zum SGL beizutragen.

Die direkten Fragen nach Veränderungen in den Selbststeuerungsprozessen durch das Führen des LT zeigen tendenzielle Verbesserungen, alle neun

Fragen liegen im positiven Bereich. Die Veränderungen sind statistisch signifikant. Es kann SCHUNK und ERTMER (2005) zugestimmt werden, dass durch systematische Interventionen die Kompetenzen der Lernenden hinsichtlich ihrer Selbstwirksamkeit, ihrer Lernstrategien respektive Selbststeuerung verbessert werden können.

Die Kategorienbildung nach auftretenden Kommentaren bei den offenen Fragen (s. S. 131 ff.) zeigt, dass sich durch die Einbettung des LT in ein BL-Szenario Vorteile für Lehrende und Lernende ergeben. Genannt wurden vor allem die persönlichen Tipps und Hilfestellungen, die Kommentare und Motivationsversuche und die Tatsache, dass die Lehrenden jederzeit via Internet antworten konnten. Das Coaching via Lernplattform wurde demnach von vielen Schülerinnen und Schülern als hilfreich erlebt, auch die Kritik unterstreicht dies. Der Wunsch nach verstärktem und regelmäßigem Feedback durch die Lehrenden taucht bei allen offenen Fragen auf. Ein signifikanter Zusammenhang zwischen den Teilaspekten des BL in Form eines LT und dem SGL – verdeutlicht in der Anwendung von Lernstrategien als Ausdruck von Selbststeuerungstechniken – konnte nicht erbracht werden.

Immer wieder taucht die Rückmeldung auf, dass das LT „eine gute Sache" sei, auch in anderen Fächern eingeführt werden soll, und mehr Erfolg bringe, wenn man es länger führt. Zugleich äußern sich die Schülerinnen und Schüler jedoch, dass das Führen des LT eine lästige Pflicht und „nervig" sei. Dies kann als Indiz für die Notwendigkeit gewertet werden, dass die Lernenden aktiv werden und mehr Verantwortung über ihren Lernprozess übernehmen müssen. Selbstreflektorisches Denken ist ein entscheidender Faktor beim SGL, da es den Lernenden beim Aufbau von metakognitivem oder konditionalem Wissen hilft. BOEKAERTS und ROZENDAAL (2006) zitieren Studien von ihnen, die zeigen, dass nur wenige ihrer Schüler im zweiten Berufsbildungsweg über Kenntnisse von Kognition und deren Regulation verfügen bzw. selbstreflektorisches Denken einsetzen. Dies kann für den Pflichtschulbereich bestätigt werden.

Die Auszüge aus LT (s. Anhang, S. 155) zeigen zwei völlig unterschiedliche Lernende, ihren persönlichen Verlauf und ihre persönlichen Lernprozesse über den Untersuchungszeitraum. Zugleich wird auch hier deutlich, dass sich die Rollen zwischen Lehrenden und Lernenden beim SGL verändern. Während der Selbstreflexion greifen die Lernenden in die Selbst-Evaluation ein und adaptieren die benötigten Strategien, wobei die Selbstwirksamkeitsüberzeugung sie motivieren kann, fleißig weiter zu arbeiten. Eine schlechte Selbstbewertung führt nicht automatisch zur Verminderung

der Motivation, wenn die Lernenden an ihre Fähigkeiten und an die Zielerreichung durch Anpassung der Steuerungsprozesse glauben (vgl. SCHUNK/
ERTMER 2005). Ein wesentliches Kennzeichen von SGL ist die veränderte
Verteilung von Verantwortlichkeiten für den Lernprozess. Dabei werden
traditionelle Hierarchiestrukturen aufgehoben – zugunsten eines partner-
schaftlicheren und beratend unterstützenden Umgangs miteinander. Feedback
geben und nehmen spielt in solchen Lernprozessen eine wichtige Rolle für
beide Seiten, die nicht als gegeben vorausgesetzt werden kann, sondern von
den solcherart Lehrenden sowie Lernenden erst entwickelt werden muss.
Zusätzlich zeigt sich in BL-Umgebungen, dass (unbewusst) verwendete
Strategien und rhetorische Floskeln von Lehrenden, die dem sog. Frontalunterricht angelehnt sind, nicht wirken und so gesehen hinderlich sind.

Die Befragung der beiden Lehrerinnen zeigt, dass es für die Lehrenden
Mehraufwand bedeutet, aber auch sinnerfüllend und gewinnbringend ist,
wenn man Lernende in BL-Szenarien persönlich coachen kann.

Welche Kompetenzen im Hinblick auf die Selbststeuerung beim Lernen
besser gefördert werden sollten, zeigen jene Items mit den geringsten Durch-
schnittswerten (s. S. 123 ff.) bzw. die Dimensionen mit den geringsten Mit-
telwerten (s. S. 126). Die Bedeutung eines effektiven Zeitmanagements, besonders beim Lernen und Vorbereiten zu Hause, scheint vielen Schülern
noch Probleme zu bereiten. Die selbstständige Auseinandersetzung, die
intensive gedankliche Durchdringung schwierigerer Inhalte mithilfe von
Skizzen und Zeichnungen gelingt Sekundarschülern offensichtlich nur in
geringerem Ausmaß. Die selbstständige Wiederholung der Unterrichtsinhalte
und die Vorstellung von Sachverhalten sollten wesentliche Kriterien der
Unterrichtsarbeit sein und so den Lernenden zur Selbstverständlichkeit
werden. Auch im Bereich Konzentration sollte angesetzt werden. Erfreulich
ist, dass kaum Angst besteht, das Schuljahr nicht positiv zu absolvieren (auch
schon beim „Pre-Test"). Die Nervosität in Prüfungssituationen ist ein gene-
relles Problem von Lernenden; sie bewirkt häufig, dass die Lernenden Aufgaben schlechter lösen, als sie es eigentlich könnten. Hier müsste Druck weg-
genommen werden, auch andere Formen der Leistungsüberprüfung sollten
angedacht werden.

Folgender Rückschluss auf die organisatorischen und technischen Rahmenbedingungen kann gezogen werden: Es soll verstärkt auf Lernende Bedacht genommen werden, die z. B. den Informatikunterricht nicht besuchen
und so ein Informationsdefizit haben. Der Einstieg in die Lernplattform soll
noch einfacher gestaltet werden, sodass man quasi mit einem „Klick" im LT

landet. Es stellt sich auch die Frage, ob das verwendete Wiki-System den Anforderungen in puncto Bedienerfreundlichkeit gerecht wird. Von einzelnen Lernenden wurde diesbezüglich eine Art Formular als Vorlage angedacht. Auch in der Befragung der Lehrerinnen hat sich gezeigt, dass technische Veränderungen sinnvoll wären und die Bedienung erleichtern bzw. verbessern könnten.

Wie auch die Antworten auf die offenen Fragen zur technischen und inhaltlichen Unterstützung sowie zu Stärken, Schwächen, Chancen und Gefahren des LT zeigen, haben nicht immer alle Schülerinnen und Schüler wirklich verstanden, worum es geht. Hier müsste verstärkt auf ganz einfache Formulierungen geachtet werden. Die Übertragung eines Lernstrategien-Inventars ist ein iterativer Prozess, es müssen Anpassungen an den Jargon der Jugendlichen im betreffenden Schultyp vorgenommen werden, sodass er ihnen vertraut ist (vgl. METZGER 2004a).

In mehreren Punkten wird die Parallelität zu einer Studie von CHO (2004) mit Studierenden an einer koreanischen Universität deutlich: CHO hat das nicht signifikante Ergebnis dahingehend argumentiert, dass es in der einmonatigen Dauer nicht gelungen ist, den Lernenden die Notwendigkeit der Anwendung von Fertigkeiten und Fähigkeiten zum SGL bewusst zu machen. Viele Studierende haben die Aufgaben und Tätigkeiten zu den Selbststeuerungsstrategien als zusätzliche Aufgabe erlebt, die sie eher ablehnend und wenig motiviert absolviert haben. Sie betonten die Notwendigkeit der individuellen Übung und Anwendung von Strategien zur Selbststeuerung. Einige waren z. B. schon geübt und hatten entsprechende „skills" in kognitiven Aktivitäten oder Zeitmanagement und wollten sich nicht in Prozessen üben, die nicht ihren persönlichen Bedürfnissen entsprachen. In weiterer Folge muss nach CHO (2004) sichergestellt werden, dass sich die Lernenden kontinuierlich in Interaktion und Austausch mit Gleichgestellten und Instruierenden befinden. Einige Studierende haben nämlich die Zielsetzungen des SGL nicht zur Gänze verstanden – respektive, warum sie bestimmte Handlungen hätten machen sollen. Durch die soziale Einbettung werden sie kontinuierlich an die Aktivitäten und Prozesse der Selbststeuerung erinnert, was sie dazu bewegen kann, die Fertigkeiten in anderen – ihren individuellen – Kontexten anzuwenden. Das (Online-) Programm muss die erweiterte Autonomie und Verantwortlichkeit und die vielfältigen persönlichen Zugänge berücksichtigen und darf nicht alle über einen Kamm scheren.

METZGER (2004a) listet vier Veränderungsmöglichkeiten von Lernstrategien auf. Von einer Verbesserung spricht er dann, wenn eine anspruchsvoller

gewordene Situation subjektiv gesehen besser gemeistert wird als eine weniger anspruchsvolle in der Vergangenheit. Eine Verbesserung ist für ihn auch,
wenn eine anspruchsvollere Situation gleich gut bewältigt wird wie eine
weniger anspruchsvolle Situation zu einem früheren Zeitpunkt. Eine Verschlechterung ergibt sich, wenn eine anspruchsvoller gewordene Lernsituation subjektiv weniger gut bewältigbar eingeschätzt wird. Keine Veränderung
gibt es in diesem Kontext, wenn sich die Lernstrategien bei gleichbleibenden
Lernsituationen nicht verändert haben oder wenn sich bei geringer wer-
denden Anforderungen die gleichen Strategiewerte zeigen. Geht man nun
davon aus, dass die Anforderungen in den letzten Monaten der Abschluss-
klasse der Hauptschule höher geworden sind und lässt die Tendenz einer
leichten Verbesserung in den meisten Punkten gelten, so kann dies als Verbesserung nach METZGER (2004a) gewertet werden.

Auch WEINERT (1982) konstatiert, dass die selbstregulatorischen Prozesse
wie bewusstes Planen, Steuern, Kontrollieren und Bewerten des eigenen
Lernens eine anspruchsvolle Klasse von Lernvorgängen darstellt und erst im
Verlauf des Kindes- und Jugendalters verfügbar wird. Diese Entwicklung
stehe in engem Zusammenhang mit der kognitiven Entwicklung und bedürfe
besonderer pädagogischer Förderung. Bei operativen Maßnahmen und Interventionen in kleinen überschaubaren Anwendungsfeldern gestaltet es sich als
recht einfach, durch Fragebögen oder ähnliche Instrumente eine Erfolgs-
messung durchzuführen. Bei komplexen und verwobenen Prozessen (wie
denen der Selbststeuerung) sind kausale Zusammenhänge viel schwieriger –
weil auf mehreren Ebenen angesiedelt – und häufig zeitversetzt zu bewerten.
Deshalb mussten auch andere Indikatoren der Effizienzmessung herangezogen werden, wie z. B. Zufriedenheit mit der Intervention generell, mit
der zusätzlichen Unterstützung durch die Lehrenden sowie mit dem Soft-
waretool, Verbesserungsvorschläge und die direkte Veränderungsmessung.

Es wurde gezeigt, dass LT ein taugliches Mittel zum Planen und Reflektieren der eigenen Lernprozesse darstellen. Integriert in ein BL-Szenario,
werden sie von den Lernenden relativ gut akzeptiert und in der persönlichen
Einschätzung der Lernenden haben sich in allen Bereichen positive Veränderungen ergeben. Ebenso zeigten sich Tendenzen in der Verbesserung von
Lernstrategien im kognitiven und motivationalen Bereich. Der metakognitive
Bereich ist in der Altersgruppe der 13- bis 14-Jährigen eher noch mit Problemen behaftet, vor allem die Strategien der Selbstkontrolle werden am
wenigsten verstanden und umgesetzt.

7 Zusammenfassung und Ausblick

7.1 Zusammenfassung

Nach einer Klärung der vielfältigen Begriffe rund um selbstbestimmtes Lernen wurde das Selbstwirksamkeitskonzept (BANDURA) dargelegt, da ihm eine wichtige Rolle bei der Selbststeuerung zukommt. Es wurde die Problematik von Lernstrategien-Inventaren bei der Erfassung von SGL behandelt, anschließend erfolgte eine Auseinandersetzung mit den klassischen Auffassungen und Theorien zum SGL. In weiterer Folge wurde der Frage nachgegangen, welche Modelle tragend und praxistauglich sind, um Selbststeuerung beim Lernen in der Sekundarstufe I zu verwirklichen. Die Darlegung grundlegender Kompetenzen von Lernenden und Lehrenden und die Beschreibung von Unterrichtsformen, die die Selbststeuerung fördern, runden diesen Abschnitt ab.

Die empirische Untersuchung stand unter der Annahme, dass sich SGL in Mathematik durch das Führen von LT verbessern lässt. Dazu wurde die Anwendung von Lernstrategien mit einem adaptierten Inventar mit 24 Fragen in acht Dimensionen vor und nach dem Interventionszeitraum erfasst und verglichen. Keine Lernstrategie wird von der Untersuchungsgruppe (zwei vierte Klassen einer ländlichen Hauptschule) wirklich unzureichend angewandt, es gab aber auch keine signifikante Änderung zwischen „Pre-Test" und „Post-Test". Im Interventionszeitraum von April bis Juni 2007 wurde in einem BL-Szenario von den Schülerinnen und Schülern ein digitales Lerntagebuch geführt, das von den Lehrenden unregelmäßig kommentiert wurde. Zusätzlich wurden Anleitungen und Lerntipps auf der Lernplattform zur Verfügung gestellt. Das LT wurde relativ gut akzeptiert, und in der direkten Veränderungsmessung konnten tendenziell positive Veränderungen festgestellt werden, die statistisch signifikant waren. Beide Klassenlehrerinnen sehen das Coaching via LT zwar als zeitaufwendig, aber insofern gerechtfertigt an, als sie sich intensiver mit den Lernprozessen ihrer Schüler auseinandersetzen. Das Rollenverständnis zwischen Lernenden und Lehrenden verändert sich, was auch die beiden exemplarischen LT-Auszüge im Anhang zeigen.

Die Resultate lassen den Schluss zu, dass LT ein taugliches Mittel darstellen, um über die eigenen Lernprozesse zu reflektieren, das eigene Lernen besser zu planen und zu bewerten, und damit das SGL zu fördern. Die Verbesserung von Lernstrategien sollte vermehrt in den Unterricht einfließen, einerseits als Schulung mit einem Nutzungs- und Anwendungskontext und andererseits in indirekter Form – durch Ausgestaltung von Lernumgebungen, die Selbststeuerung fördern und das Anwenden verschiedener Strategien erfordern.

7.2   Ausblick

Wir realisieren und nehmen als Tatsache zur Kenntnis, dass sich die Art und Weise des Lernens verändert – sowohl in Hinblick auf die Einzelperson als auch auf das unterschiedliche „Setting" im Vergleich zum traditionellen Lernen. Das erfordert neue Zugänge, bei welchen die Lernenden zu autonomen Lernern heranreifen, die ihre Ziele selber setzen und selbstständig ihr Wissen konstruieren und sich ihre Kompetenzen aneignen. SGL scheint ein vielversprechender Weg dorthin zu sein.

> Beschleunigte Veränderungen der betrieblichen Prozesse angesichts globaler Herausforderungen ökonomischer und technologischer Natur stellen die Entwicklung der Humanressourcen im Unternehmen vor besondere Probleme. Eine just-in-time Verfügbarkeit von Kompetenzen, mit deren Hilfe die Beschäftigten den beständig wechselnden fachlichen und überfachlichen Arbeitsanforderungen gerecht werden können, lässt sich auch auf der Ebene der Facharbeit mittels tradierter, angebotsorientierter Konzepte betrieblicher Weiterbildung oder gar durch eine langwierige Erstausbildung mit Wissensvermittlung „auf Vorrat" nicht sicherstellen. Entsprechend propagieren seit Jahren die Berufspädagogik und eine Vielzahl von Managementkonzepten vor allem Formen des selbst gesteuerten Lernens als Königsweg betrieblicher Weiterbildung (GELDERMANN/SEVERING/STAHL 2006: 117).

Die Schule hat die Pflicht, die Grundlagen dafür zu legen. Wie mehrfach in der vorliegenden Arbeit erwähnt wurde, ist das SGL ein lebenslanger Prozess, in welchem sich die metakognitiven Fähigkeiten, die angewandten Strategien und v. a. die volitionalen Gegebenheiten immer wieder verändern – die Konzepte müssen angepasst und zunehmend verfeinert werden, sie werden effizienter und strategischer (vgl. auch DEMETRIOU 2005). Wie gezeigt wurde, gestalten kompetente Lernende den Lernprozess aktiv, sie analysieren die Lernsituation und setzen sich Ziele, wählen Strategien aus, wie sie ihre

gesetzten Ziele am besten erreichen können, sie kontrollieren die Lernfortschritte und passen die gewählten Strategien auf dem Weg zur Zielerreichung
an. Die Förderung der Lernkompetenz muss in der Schulzeit beginnen. Die
Schule hat u. a. die Aufgabe, die Lernenden auf ihr weiteres Leben (Beruf,
Ausbildung) vorzubereiten. Dies darf nicht aus Zeitmangel oder aufgrund
falscher Einschätzung (weil die Lernenden gute Noten haben) auf der Strecke
bleiben. Grundsätzlich setzen alle Modelle des SGL voraus, dass „Monitoring" und Kontrolle des eigenen Lernens durch verschiedene kognitive, motivationale Strategien oder durch Verhaltenskontrolle grundsätzlich positiv
für das Lernen und das schulische Weiterkommen sind (vgl. auch PINTRICH
2005).

Es stellt sich auch die Frage, wie die betriebliche Praxis aussieht, ob alles
nur Wunschdenken ist. Da gibt es durchaus kritische Stimmen, die aufzeigen,
dass SRL noch nicht wirklich auf der Arbeiter- und Angestelltenebene in den
Betrieben angekommen ist.

> ICT is still regarded mainly as delivery technology rather than a catalyser of
> new paradigms in learning and training. In this adverse context SRL could pro-
> vide the turning argument to enable new business models and innovative peda-
> gogical approaches. (…) Success in the marketplace increasingly depends on
> learning. However, most people, most organisations, simply do not know how
> to learn. SRL contains the potential to bypass learning dysfunctions. (CARNEI-
> RO 2005: 13)

LEFRERE berichtet von der Divergenz zwischen der Führungsebene und den
normalen Angestellten und Arbeitern in den Betrieben:

> In other organizations, only the upper echelons have total discretion as to what
> they learn, how they learn it and resources they can call upon (e.g., personal
> coaches, mentors). For them, SRL is an everyday possibility. But at present the
> mass of staff do not have the choice of SRL of any kind at work, because SRL
> for an entire workforce requires not just large investment, but a longer-term ori-
> entation. (LEFRERE 2005: 17)

Wir haben erkannt, dass Lernen einen lebenslangen Prozess darstellt. Wir
sind dabei, uns an die Perspektive zu gewöhnen, dass ein großer Teil dieses
Prozesses außerhalb des formalen Lernens in Institutionen stattfindet (vgl.
CROSS 2007). Dies impliziert den Einsatz von softwareunterstütztem Lernen
in BL-Konzepten. Es wurde gezeigt, dass selbstgesteuertes Lernen eine sinn-
volle Lösung darstellt, mit diesen Veränderungen zurechtzukommen. Para-
doxerweise setzen wir bis jetzt beim formalen Lernen in institutionalisierten
Systemen immer noch die Lernziele fest und zwingen die Lernenden mehr

oder weniger, diese für sich persönlich zu übernehmen. Jene, die das auch machen, werden belohnt (vgl. UNDERWOOD/BANYARD 2005).

Eine vielleicht etwas theoretische, aber glaubwürdige und tragfähige Zukunftsvision ist: "Combine competencies and lifelong learning and what you get is a strong foundation for the final countdown of enterprise based self-regulated learning" (VERVENNE 2005: 49). Diese wirtschaftliche bzw. betriebliche Sicht auf die Thematik des SGL zeigt, dass der Kompetenzerwerb in Firmen bald oberste Priorität erhalten wird. "Competencies are increasingly being used in education, industry and public employment services. Such competencies are in fact becoming the 'common currency of the labor market' at large" (ebd.).

Laufender Kompetenz- und Wissenserwerb spielen in allen Lebens- und Arbeitsbereichen eine immer größere Rolle, wobei lebenslangem und selbstgesteuertem Lernen eine Schlüsselfunktion zukommt.

Anhang A: Interventionen

A.1   Kursaufbau auf der Lernplattform

Ausstehendes Thema

Lernverhalten verbessern
Hier bekommst du Untertsützung beim Anpassen und Verbessern deiner Lernstrategien.
Der Bereich **"Befragung"** will dein Lernverhalten anonym erheben.
Im Abschnitt **"Lerntagebuch"** führst du dein persönliches Lernjournal in Mathematik und wirst dabei von deinen Lehrern "gecoacht".
Nachrichtenforum M4ab

1   Befragung (vorher) "Wie lerne ich?"   ☐
WLI-Fragebogen

2   **Lerntagebuch**   ☐
Es eignet sich einerseits recht gut, um die Lernaktivitäten zu dokumentieren (Wann habe ich was gemacht?), andererseits solltest du in deiner Eigenaktivität und Selbstreflexion (In welchem Bereich sollte ich was ändern, um Erfolg zu haben?) gestärkt werden und so insgesamt selbstständiger werden.
Mein Lerntagebuch
Diskussionsforum zum Lerntagebuch

Anleitung
Beispiel 1
Beispiel 2

3   **Tipps** zum besseren Lernverhalten.   ☐
(Evtl. musst du "Popups zulassen" bzw. die "STRG-Taste" gedrückt halten.)

Tipp 1: Motivation
Tipp 2: Konzentration
Tipp 3: Angst und Stress
Tipp 4: Informationen verarbeiten - Wesentliches erkennen

4   Befragung (nachher) "Wie lerne ich?"   ☐
WLI - Fragebogen II

Abb. 23 Screenshot vom Kurs auf der Lernplattform

A.2   Anleitung und Beispiele

Anleitung

Was ist der Inhalt?

Datum, Thema, Lern-Aktivität (z. B. Aufgabe Nr., Kartei/Mappe Seite ... bis ...), Sozialform (Partnerarbeit, alleine, Gruppenarbeit), Dauer, Nutzen (geschätzt), eventueller Spaß beim Lernen, Schwierigkeiten, ...

Dabei geht es neben den fachlichen Inhalten (Mathematik) auch um überfachliche Ziele (Konzentration, Motivation, Freude und Frust in der Schule, auswendig lernen, üben, verstehen, skizzieren, erklären, ...).

Was ist das Ziel?

Gefühle und Stimmungen, Erfahrungen, Begründungen sollten bei der Planung und Erledigung von Aufgaben persönlich aufgeschrieben werden. Die Lehrer geben individuelle Rückmeldungen (Tipps, Vorschläge).

Welche Voraussetzungen braucht es?

Sich selbst beobachten, bewusst handeln, regelmäßig eintragen (*Vorschlag: 3- bis 5-mal pro Woche*), regelmäßig Pausen machen und sich kurz Gedanken machen, nach Lern-Abschnitten diese notieren (*Vorschlag: 9:05 bis 9:15 – Informatikraum, Klasse, Gruppenraum, oder nach einer Mathematikeinheit und natürlich verstärkt Montag – Mittagspause und Informatik*).

Welche Hilfestellungen gibt es?

Schrittweise Einführung – von vorgegebenen, angefangenen Sätzen (s. Beispiel 1 und Beispiel 2) bis zur völlig freien Gestaltung des „Wikis" auf der Lernplattform *Moodle*.

Beispiel 1

- Datum & Zeit:
- Thema:
- Lernaktivität:
- Insgesamt war ich mit dem Ergebnis
  ☐ zufrieden   ☐ nicht so ganz zufrieden   ☐ gar nicht zufrieden

☻ Das ist mir gut gelungen:

☻ Das hat mir besonderen Spaß gemacht:

☺ Das war schwierig:

☺ Das habe ich nicht verstanden:

☺ Das war besonders hilfreich:

☻ Das würde ich das nächste Mal anders machen:

Beispiel 2

1. Pflicht, Zusatz – und was ich tatsächlich gemacht habe:
2. Welchen Lösungsweg habe ich beschritten?
   Was habe ich heute gelernt und wo stehe ich jetzt beim Thema …
3. Es war interessant, dass …
   Es war langweilig, während ich …
   Hilfreich war für mich heute, dass …
   Was ich nicht verstanden habe, war …
   Da muss ich noch ??? (Lehrer, Eltern - wer kann weiterhelfen?) fragen,
   wie …
4. Ich bin mit dem Ergebnis (nicht) zufrieden und will ...
   weiterarbeiten (wiederholen) …
   Was ich noch über das Thema wissen möchte?
   Das brauche ich (auch noch), weil ich nämlich …
   gehen (besuchen, werden) will …

A.3   Lerntipps

Tipps, um das Lernverhalten zu verbessern
(nach CHR. METZGER[89] – Wie lerne ich)

1. **Sich motivieren**
   a) **Ziele setzen**
      Setze dir kurzfristige Ziele – sie sind überschaubar (ein paar Tage bis
      ein paar Wochen)! Was will ich heute von 16:00 bis 18:00 erledigen?

---

89 Quelle: vgl. METZGER (2006b)

In den nächsten 3 Tagen werde ich täglich 1 Stunde auf die M-Schularbeit üben.

Morgen will ich in der FA die Mappe mit Prozentrechnen abschließen, dabei arbeite ich mit meinem Freund XY, weil er das gut beherrscht.

Mittelfristige Ziele betreffen ein paar Monate bis ein Semester, langfristige Ziele betreffen z.B. ein Schuljahr.

Was will ich heuer erreichen?

Welche Schule möchte ich nächstes Jahr besuchen?

Ganz wichtig: Behalte diese Ziele im Auge und kontrolliere, ob du deine Vorhaben auch verwirklichst!

Welche Ziele kommen aus dir selbst, welche von den Eltern, Lehrern, …?

b) Sich Erfolgserlebnisse verschaffen

Erfolgserlebnisse motivieren dich, um weiter zu arbeiten. Deshalb ist es wichtig, dass deine Ziele realistisch sind, also wirklich erreichbar sind für dich.

Der Erfolg stellt sich aufgrund deiner Anstrengungen ein.

Wechsle zwischen unangenehmen und angenehmen Aufgaben ab.

Erledige Lernaufgaben mit anderen zusammen, da fällt vieles leichter.

Und das Wichtigste zum Schluss: Belohne dich selbst bei einem Erfolg!

c) Eigenes Interesse wecken

Frage dich, warum du dich gerade für dieses Thema interessierst oder nicht interessierst. Hast du Vorwissen dazu? Suche Beziehungen zu Bekanntem und im Alltag. Sei neugierig und frage, warum du das brauchen kannst usw.

d) Positive Einstellung

Wenn du positiv denkst, kannst du dich gezielt für eine Arbeit motivieren. Lächle und rede dir aufmunternd zu. Fordere dich selbst, indem du versprichst, eine Lernaufgabe bis zu einem bestimmten Zeitpunkt fertig zu stellen und – gib nicht vorschnell auf, suche keine Ausreden!

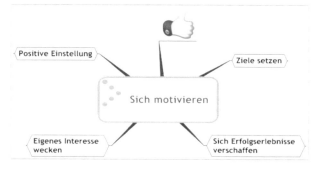

Abb. 24
Lerntipps
Motivation

2. Sich konzentrieren

a) Störungen

Kläre zuerst, ob dich andere stören oder ob du dich selbst am Lernen hinderst.

Äußere Störungen:

Schalte akustische (Lärmquellen) und visuelle (ablenkende Bilder, Lichter, Video, Zeitung usw.) Ablenkungen aus. Lege alle Arbeitsmaterialien, die du brauchst, in Greifnähe, dann musst du deine Arbeit nicht immer unterbrechen (um beispielsweise etwas zu holen). Auch Handys haben eine Taste zum Ausschalten – ☺. Je anspruchsvoller eine Aufgabe ist, umso eher sollst du laufende Musik ausschalten (auch wenn du glaubst, dass du damit gut lernen kannst).

Innere Störungen:

Die Grundbedürfnisse (Hunger, Durst, Schlaf) müssen befriedigt sein, wenn du lernen willst. Mache regelmäßig Pausen, vor allem auch dann, wenn du merkst, dass nichts mehr weiter geht.

Stoppe Selbstzweifel, Tagträume, Sorgen, …, und verschiebe die Gedanken auf danach. (Sage: „Stopp! Stopp! Darüber denke ich nach dem Lernen nach.")

Selbstgespräche sind übrigens immer gut – z.B.: „Ich beginne nun mit dieser Aufgabe und lasse mich nicht ablenken." Es gibt auch eine Reihe von Konzentrations- und Entspannungsübungen.

b) Arbeitsplatz

Ein gut eingerichteter und ergonomischer Arbeitsplatz trägt zu deinem Wohlbefinden bei (richtige Beleuchtung, Tisch- und Stuhlhöhe, Beinfreiheit etc.). Ist er aufgeräumt und herrscht Ordnung, so findest du dich leichter zurecht und kannst damit Ablenkungen und Unterbrechungen teilweise ausschalten. Suche bewusst neue Arbeitsplätze für neue Lernaufgaben (zur Abwechslung). Häufig benötigte Arbeitsmaterialien sind immer in Greifnähe, selten benötigte weiter weg.

c) Bewusstheit

Handle bewusst, nicht oberflächlich oder halbherzig.

Beispiele: aktiv mitarbeiten; Notizen machen; Blickkontakt mit der Lehrerin halten; zu welcher Tageszeit kannst du am besten lernen?

Beachte die Regeln zur Motivation – ohne Motivation keine Konzentration!

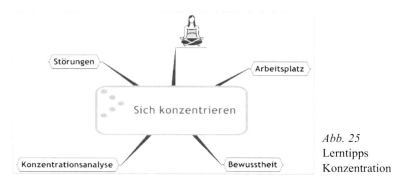

Abb. 25
Lerntipps
Konzentration

d) Konzentrationsanalyse

Wenn du wissen möchtest, ob und wie oft oder wie lange du von deiner Aufgabenerledigung abgelenkt wirst, machst du am besten eine Analyse. Schreibe dein Ziel oder deine Aufgabe auf, wie lange du dafür Zeit hast, was du wirklich machst (alle 5 Minuten), ob du gestört oder abgelenkt wirst und was du zukünftig dagegen unternehmen kannst. So erkennst du sehr bald deine „Zeitfresser" und kannst sehr viel Zeit gewinnen, die du dann zur Belohnung für angenehme Sachen verwenden kannst.

Ziel/Aufgabe	Verfügbare Zeit	Was ich wirklich mache/denke	Benötigte Zeit	Künftige Gegenmaß-nahmen

3. Mit Angst und Stress umgehen

a) Realistisch und positiv denken und handeln

▸ Sei nicht mit dem Minimum zufrieden, aber überfordere dich auch nicht.

▸ Übernimm Eigenverantwortung! Es liegt in deiner Hand, was in der Schule läuft und wie es läuft.

▸ Stimme dich immer wieder positiv ein. Besinne dich dabei auf deine Stärken und Interessen, denk an deine Erfolge.

b) Günstige Bedingungen schaffen

Schalte äußere **Störfaktoren** aus, sie stören nur deine Konzentration.

Eine gute **Körperhaltung** und regelmäßige **Bewegung** halten Körper und Geist fit.

Eine gesunde, ausgewogene und abwechslungsreiche **Ernährung** unterstützt dies in besonderem Maße, ebenso genügend **Schlaf**.

c) Belastende Situationen realistisch einschätzen

Informiere dich frühzeitig über die Anforderungen der Schularbeit (Prüfung) und gib nicht allzu viel auf die Gerüchte deiner MitschülerInnen! Schätze dann dein Können realistisch ein, indem du dir folgende Fragen stellst:

Kann ich die Aufgaben wirklich selbstständig lösen?

Habe ich auch genügend geübt?

Aus welchen Fehlern muss ich besonders lernen?

Habe ich die Unklarheiten schon geklärt?

Keine Ausreden („Ich habe Angst." „Die Lehrerin prüft so streng." o. Ä.) – es liegt an dir!

d) Angst bekämpfen

Wenn negative Gedanken und Gefühle auftauchen, bring sie rasch unter Kontrolle.

Du kannst z.B. „Tagträumen" (in Gedanken eine schöne Reise machen; positive Erlebnisse spüren; usw.), Entspannungstechniken anwenden, „dramatisieren" (spiele auch den schlechtesten Fall einmal durch – bis du siehst, dass es absurd ist, so negativ zu denken), oder dich „immunisieren" (stelle dir eine belastende Situation vor, entspanne dich und verwandle sie in ein positives Bild – du gewinnst die Situation, du gehst als Held hervor etc.). Gut bewährt haben sich positive Selbstgespräche („Das habe ich gestern gut gekonnt", „Im Unterricht habe ich das schnell verstanden", „Ich lese mir jetzt ganz ruhig noch einmal die Frage durch") und auch die Vorstellung „Wenn es vorüber ist" (Wie schön wird es sein, wenn die Schularbeit oder Prüfung vorbei ist, oder wenn ich bei der Prüfung Erfolg gehabt habe?). Am besten ist es aber, die Situation mit klarem Kopf abzuschätzen. (Wie realistisch ist ein Scheitern wirklich?)

Abb. 26
Lerntipps
Angst und
Stress

e) **Angstanalyse**

In „schweren Fällen" kannst du auch eine Analyse machen: Schreibe dazu ein paar „Stressoren" (Situationen, die Angst erzeugen) auf und reihe sie nach ihrer Bedeutung für dich. Schreibe mögliche Maßnahmen auf, was du dagegen tun kannst. Entscheide dich dann für ein „Programm" gegen diese Angst und kontrolliere dich, ob du die gewählten Maßnahmen auch umsetzt.

Stressor	Rang/Gewicht	Mögliche Maßnahmen	Was ich machen werde

4. **Informationen verarbeiten und Wesentliches erkennen**
Wer hat das nicht schon erlebt, dass man erkannt hat, dass etwas wichtig ist, und trotzdem kann man es sich nicht merken oder verstehen? Hier kommt ein „Rezept":

a) **Anreichern**
   ▸ Neues mit Bekanntem verknüpfen.
   ▸ Eselsbrücken (Aufhänger, Gedankenstützen, „Merksätze"), kreative Begriffsketten oder Geschichten mit dem Lernstoff bilden (*Beispiele auf Nachfrage*).
   ▸ Vertiefe die Gedanken, umschreibe den Stoff in eigenen Worten, stelle eigene Fragen und bilde eigene „Bilder".

b) **Ordnen**
Ordne das Wesentliche nach
   ▸ äußeren Ordnungskriterien (alphabetisch, nach Größe, nach Herkunft, nach Wortart, ...) oder nach
   ▸ der Sachlogik (innerer Zusammenhang) in Form von Mindmap, Lernlandkarte, Schema, Netz, ...
   ▸ Du kannst auch Kurzzusammenfassungen schreiben (in eigenen Worten Thema und Hauptgedanken, Regeln, Formeln, ... festhalten).

c) **Wiederholung/Übung**
Durch die Wiederholung kannst du das Gelernte länger im Gedächtnis behalten. Das ist wieder eine gute Voraussetzung für den nachfolgenden Stoff, den du mit Bekanntem verknüpfen kannst.
Beim Üben trainierst du Fertigkeiten, die du später in verschiedenen Situationen anwenden kannst.
Überlege vorher, was von dir erwartet wird. (Was muss ich erledigt haben, was wird abgefragt, was muss ich auswendig können, ...?)

Laufend und rechtzeitig wiederholen verschafft dir unschätzbar Vorteile, weil du dann im Ernstfall zeitlich nicht ins Strudeln kommst und für neuen Stoff immer „up-to-date" bist.

d) Welcher Kanal?

Situationsbedingt setzt der Mensch verschiedene Sinneskanäle ein, um Wesentliches von Unwesentlichem besser unterscheiden zu können. Mache dir die verschiedenen Möglichkeiten zu lernen, zu wiederholen oder zu ordnen bewusst:

„Auge" → beobachten, lesen, Bilder betrachten, Gestik von Lehrenden beachten

„Ohr" → zuhören (Lehrer, Mitschüler), Betonungen wahrnehmen

„Nase" → riechen

„Mund" → reden, mitsprechen, laut aufsagen, mit eigenen Worten erzählen, singen; schmecken

„Hand" → Notizen machen, schreiben, skizzieren, malen, formen, tasten

„Körper" → bewegen, nachahmen, berühren

e) Form der Information

In vielen Fällen erleichtert dir die Form der Information das Wesentliche herauszufinden. Achte auf Schlüsselwörter wie:

besonders wichtig	besteht aus …	folgendermaßen definiert	erstens, zweitens, …
einerseits … andererseits	folgende Merkmale	sowohl … als auch	daraus folgt

Besonders wichtig sind im Normalfall:
- Überschrift, Untertitel, Nummerierungen und Aufzählungen, weiters
- Arbeitsblätter und Zusammenfassungen sowie
- abweichende Beschriftungen, Farben, Unterstreichungen

Wesentlich bei Informationen

(Aufsätzen, Büchern, Stoffgebieten, Präsentationen, …) sind immer:
- Thema (Titel, Schlagworte)
- Hauptgedanken (Regeln, Hauptargumente, Kernaussagen, Merkmale)
- Unterstützende Einzelheiten (Erklärungen, Beispiele, Darstellungen)

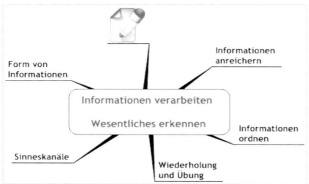

Abb. 27
Lerntipps
Informations-
verarbeitung
und Wesent-
liches erkennen

Anhang B: Lerntagebuch-Auszüge

Bereinigtes Beispiel — LT der Schülerin A[90]

Mein Lerntagebuch

- Datum & Zeit: Montag 23.04.2007 / 9 Uhr 15 – 10 Uhr 10 (3. Stunde)
- Thema: Kreis/Teile
- Lernaktivität: Mathe-Mappe
- Insgesamt war ich mit dem Ergebnis ZUFRIEDEN

Das ist mir gut gelungen: 1 Zettel fertig + Anfang 2 Zettel

Das hat mir besonderen Spaß gemacht: Zusammenarbeit unter den Schülern

Das war schwierig: Prozent vom Kreis berechnen, Abfall

Das war besonders hilfreich: Schüler/innen

Das würde ich das nächste Mal anders machen: schneller arbeiten

Du könntest auch mal mich fragen! Und das mit den % ist eigentlich ein alter Hut! Schau mal in den alten Zetteln nach! Sonst bin ich eigentlich sehr zufrieden mit dir! Kein Vergleich von vor einem halben Jahr! Und jetzt musst du dich auch vor der SA nicht mehr fürchten! Schreibe auch deine HÜ-Zeiten auf! 😎

- Datum & Zeit: 3.5.07
- Thema: Zylinder bis Blatt 6, Blatt 7 Anfang
- Lernaktivität: Mathe-Mappe
- Insgesamt war ich mit dem Ergebnis Sehr ZUFRIEDEN

Das ist mir gut gelungen: schnell arbeiten

Das hat mir besonderen Spaß gemacht: Zusammenarbeit unter Schüler

Das war schwierig: ?

Das habe ich nicht verstanden: ?

Das war besonders hilfreich: Taschenrechner

---

90 Die Einträge der Schülerin sind linksbündig, die Rückmeldungen der Lehrenden sind rechtsbündig angeordnet (im Original waren sie auch farblich hinterlegt).

• Datum & Zeit: 7.5.07
• Thema: Funktionen
• Lernaktivität: gebundene Stunde
• Insgesamt war ich mit dem Ergebnis ZUFRIEDEN
Das ist mir gut gelungen: zuhören
Das war besonders hilfreich: Lehrer

Fein, dass du mir zuhören konntest und du zufrieden warst! Bitte verwende keine Farbe als Hintergrund, dann kannst du und ich besser erkennen, wer geschrieben hat! 😊

Datum & Zeit: 09.05.07
Thema: KREIS
Lernaktivität: Üben für Test ca. 1 Stunde 😎
Insgesamt war ich mit dem Ergebnis: sehr zufrieden 😎 😄
Das ist mir gut gelungen: in Ruhe zu arbeiten + zuhause 🙂
Das war schwierig: ??
Das war besonders hilfreich: Taschenrechner 🙂
Das würde ich das nächste Mal anders machen: Früher lernen anfangen! 😈

Datum: 12.5.07
Arbeit: 😊 Körper Kugel 1 + 2; Kegel 1 + 2 fertig!!:-]
Mir ist es gelungen schnell zu arbeiten und ich war sehr motiviert!! 😊
Ich hoffe, dass ich mit allen was zu der SA kommt fertig werde, deshalb muss ich jetzt schnell arbeiten!!! 😬

Datum: 13.5.07
Arbeit: Zinsrechnung letztes Blatt fertig! 😄 🙂
Ich habe das Blatt schnell fertig gehabt und jetzt verstehe ich es besser! 🙂 🙂

DATUM: 13.5.07
ZEIT: ca. 1 Stunde, Zuhause
Arbeit: Kugel 1 + 2, Kegel 1 + 2
Ich war sehr zufrieden 😊 , weil ich in kurzer Zeit viel gemacht habe und es OHNE Lösung zuhause geschafft habe, dass ich bei 4 Zetteln nur 2 oder 3

Nummern falsch gemacht habe. Darauf bin ich sehr stolz. Ich hoffe auch, dass ich bei der L Z K auch gut bin. Verstanden habe ich schon alles.

DATUM: 14.5.07 fast 1 Stunde
Arbeit: Üben für die LZK Körper!!

Ich war sehr zufrieden ☺ mit mir wie ich Zuhause geübt habe und hoffe, dass es mir bei der LZK gut geht!!
Ich hoffe, dass ich momentan für die 2. LG nicht zu langsam bin, aber ich glaube ich bin so mitten drin?????! 😵
Ich habe am Anfang M als sehr schlimm empfunden, aber inzwischen ist es eigentlich NICHT so schlimm. Es wird auch daran liegen, dass es auch mehr Spaß macht, wenn man bessere Noten schreibt! ☺

Tut mir leid, dass du M als schlimm empfunden hast! ☺
Ich merke aber auch, dass es dir jetzt mehr Spaß macht und du bist auch
VIIIIIEEEEEELLLLL besser als noch am Anfang des Jahres!!
Du bist im Moment sehr gut in der II.LG drin und sogar eher schnell! Und für
die SA brauchst du dir überhaupt keine Sorgen mehr zu machen, dir kann eigent-
lich gar nichts passieren!! ☺

Datum: 20.5.07
Arbeit: Üben für die SA

Zeit:1 ½ Std.
Ich habe für die SA geübt und bin mir eigentlich bei den % + Zins sehr sicher!!!   ☺
Die Körper übe ich jetzt gerade, aber sie sind eigentlich nicht so schwer!!

Aber ein bisschen Angst habe ich schon, dass ich mir zum Schluss die Note noch verhaue! ☺
Aber ich hoffe, dass ich jetzt nicht abstürze und auch noch viel frage! (Funktionen)! Die Funktionen habe ich noch nicht ganz gecheckt!!!

Bitte frage!!!
Anscheinend warst du schon am Sonntag fleißig! Super!
Und bei den Körpern sind eben die Formeln das Wichtigste!
Das schaffst du schon noch!!! Ich bin mir ganz sicher! ☺

Ein bisschen Angst habe ich vor der SA, aber bei dem schönen Wetter wollte ich nichts lernen, aber ich habe mich dann dahinter geklemmt und mir gedacht es ist besser jetzt zu lernen! Ich hoffe, dass das etwas gebracht hat!!!?!!?!?!!?

Datum: 2.6.07

Thema: Zylinder, Kegel; Kugel + Funktion fertig

Am Samstag habe ich alles fertig gemacht was wir als HÜ hatten. Ich bin sehr stolz auf mich, dass ich das jetzt fertig gemacht habe und ich jetzt in M eine 2 bekomme.??? In meinen Träumen hätte ich mir NIE gedacht, dass ich eine bessere (viel bessere) Note bekomme!! Darauf bin ich stolz!! 😄 ☺

Aber ich möchte mich jetzt noch zusammenreißen und noch „DURCH BEIS-SEN"!!! So lange ist es ja noch mehr und ich habe jetzt das ganze Jahr fleißig geübt und hoffe, dass es mir in der Glasfachschule gut geht!! ☺ ☺

Liebe ...! Ich finde es toll, wie du dein Lerntagebuch führst! Du trägst regelmäßig ein und kannst gut reflektieren, was du wie gemacht hast bzw. was du dir vornimmst, wovor du Angst hast, worauf du stolz bist, ...
Wenn du das beibehältst, wirst du viele Herausforderungen im Leben besser meistern können als andere!

Datum: 10.6.07

Arbeit: Hü – Gleichungen mit 2 Variablen

Ich habe die Gleichungen noch nicht ganz kapiert, weil bei mir das falsche Ergebnis herauskommt. ☹ Ich hoffe, dass ich sie jetzt noch lerne und auch kapiere!! ☹ Ich habe in mein Lerntagebuch jetzt schon lang nicht mehr hinein geschrieben, weil es das letzte Mal nicht funktioniert hat!!!

Aber sonst bin ich ganz zufrieden!! Ich hoffe, dass ich in die Glasfachschule hineinkomme!?!?!!?? 😎

Sonst bin ich in M schon zufrieden, weil ich mich seit dem 1. Halbjahr gesteigert habe!! 😎

Ich glaube, die Glasfachschule wird ein Kinderspiel für dich!!! Du hast in M einen RIESENSPRUNG gemacht, wenn ich zurückdenke, wie du am Anfang des

Jahres oder die Jahre vorher gekämpft hast!!?? Wahnsinn!! Und du bist schon sehr weit und zeigst mir immer gleich alles und fragst auch! So wirst du in deinem Leben sicher weiter kommen!

Ich hoffe, dass ich in die Glasfachschule leicht hineinkomme, denn man muss erst in der 3. LG eine Aufnahmeprüfung machen! Ich hoffe es sehr!!

Datum: 12.06.07

Arbeit: Hü – Gleichungen mit 2 Variablen

So ganz habe ich die noch nicht verstanden!! (Ich glaube, das wird schon noch!!) Ich glaube, dass ich ein bisschen Übung brauche!!
Ich habe es probiert, aber bei mir ist das falsche Ergebnis herausgekommen!
☺ Sonst bin ich mit meinem Noten bis jetzt zufrieden!! Ich bin natürlich auch stolz darauf, dass ich in M einen 2 bekomme!!!!!

Datum: 18.6.07

Arbeit: gebundene Stunde

In der gebundenen M-Stunde habe ich bei den Gleichungen mit 2 Variablen weiter gemacht!!

In der Mittagspause habe ich dann noch den 5. Zettel fast fertig gemacht!!!!

Du kannst stolz auf dich sein! Und das mit der Glasfachschule klappt sicher, wenn du weiterhin so fleißig arbeitest! Ich wünsche dir auf jeden Fall Alles Gute dafür! ☺

Ich glaube es ist gut, wenn ich mit den Ortslinien noch anfange, denn dann habe ich von dem schon mal etwas gehört, und dann geht es glaube ich leichter!
Sonst bin ich zufrieden, denn in der HS hatte ich in M immer einen 4 und jetzt habe ich mich gesteigert!!!! Sonst bin ich mit dem Zeugnis schon zufrieden (bis auf GW!!!!)!! Aber da habe ich mir jetzt die Note auch ausgebessert!!
☺☺

Bereinigtes Beispiel — LT des Schülers B

Mein Lerntagebuch

Montag, 23. April, 8:20 – 9:10 Uhr
GU: Ich war heute mit meinen Leistungen in Mathe weder besonders zufrieden noch unzufrieden, es war ganz normal. Kugelrechnungen habe ich sehr gut verstanden und wie bei allem, was ich gut kann, macht es mir sozusagen Spaß, sie zu rechnen. Das einzige was mich schon lange verrückt werden lässt, ist dieses bescheuerte Dreieck, dass wenn man es in bestimmte Stücke teilt und anders wieder zusammenstellt, dann ist ein Teil frei, WARUM!!!!!!!!!!!!!!!!!!!!!!!!!!!!!!!!!

Montag, 7.Mai 2007
In der letzten Woche habe ich in der FA nicht gerade viel gebracht, weil wir erst am Mittwoch angefangen haben und nicht viel Zeit hatten.
Im gebunden Unterricht war es letzte Woche ganz normal. Außerdem gefällt es mir sehr gut, dass es jetzt eine Einteilung des Stoffes gibt und jeweils in der FA, SÜ und HÜ ein spezielles Thema haben!!!!!!!!!!!!!!!!
In der HÜ geht es manchmal stockend manchmal fließend voran.
PS: Ich glaube, Sie hassen mich, weil Sie mir immer noch keine Rückmeldung gegeben haben ;-)

1. Ich hasse dich ganz sicher NICHT! Anscheinend habe ich dich übersehen,
weil ich mit diesem LT auch noch nicht so vertraut bin und mich erst einarbeiten
muss!
2. Die Einteilung finde ich auch gut, du und ich auch, wir können jetzt viel
besser erkennen, was du als HÜ oder in der FA gemacht hast!
3. BITTE!!!! Versuche endlich einmal, deine Schulsachen alle mitzuhaben!!! das
wäre echt schön!

Donnerstag 10.5.07
In der Freiarbeit habe ich auch diese Woche noch nicht viel gebracht, was sich morgen wahrscheinlich ändern wird.
Zuhause habe ich mir die Themen schon alle angeschaut. Auch mein Bruder kennt jetzt schon den M-Schularbeiten-Termin, und wird mir wieder helfen.
Nichts Neues zum Gebundenen Unterricht.

Montag, 14.5

Oje, Sie haben mir ja immer noch keine Rückmeldung gegeben, naja egal.

Im gebundenen Unterricht fühle ich mich in letzter Zeit eigentlich ganz wohl, obwohl es mir so vorkommt, als ob ich nicht viel bringe, aber das kann sich noch ändern.

In der Freiarbeit (das sehe ich auch ein) bringe ich viel zu wenig, das muss sich endlich wieder ändern.

Zu Hause muss ich mir wieder angewöhnen, diese 2 halben Stunden zu machen.

Du weißt also eh ganz genau, wo es hakt!!
Jetzt musst du nur noch deinen „inneren Schweinehund" bezwingen und wieder ein bisschen mehr tun!!
Und BIIIIIIIIIIIIIITTTTTTTTTTTTTTTTTEEEEEE!!!! Nimm endlich einmal alle Sachen in die Schule mit, die du immer dabei haben solltest!
Und zeige mir HÜs, FA und so!!!
Und schreibe dein LT bitte in Protokollform! Anschließend kannst du ja noch einen Kommentar schreiben, aber zuerst sollte da sein:
Wann: Was: Wo: Mit wem: Wie lange: ☺

Ich weiß nicht genau, was ich schreiben soll, denn bis jetzt war es jedes Mal so, dass die Schularbeit schwerer war als das, was ich lernte. Egal wie viel ich lernte, es war erst einmal, dass es besser war als ein 4er, und nur wenn ich sehr viel gelernt habe. Wenn ich „nur" gelernt habe, war es ein Fetzen. Naja, damit will ich nur sagen, dass ich auch sehr enttäuscht von mir bin, denn diesmal habe ich früh lernen angefangen und viel gelernt.

In den anderen Bereichen kann ich nichts anderes schreiben

Lieber ... ! Hast du die Fehler bei den SA einmal analysiert? Sind es Rechenfehler, Denkfehler, ist der Rechengang falsch oder sind es Schlampigkeitsfehler? Ich glaube, dass die Beispiele bei den SA nicht schwerer sind als bei HÜ, SÜ und FA. Das heißt - vorausgesetzt, du beherrschst den Basisstoff - wenn du dir die Zeit einteilst und die Themen wiederholst (und kontrollieren lässt) müsste es eigentlich klappen. Eine Sache ist, ob man den Stoff versteht, eine andere Sache ist, ob man ihn beherrscht und die die Übungen auch fehlerfrei ausführen kann.
☺
Übrigens: Hast du das mit dem Dreieck (s. dein erster Eintrag) lösen können? Warum war das so?

In den der FA komme ich ganz gut zurecht, aber ich könnte besser sein.
In der HÜ das Gleiche, nur dass ich da schneller werden muss.
In dem gebundenen Unterricht gibt es meinerseits nichts zu beklagen, ich verstehe alles und komme gut zurecht. (Hilfe, WORTWIEDERHOLUNG ☺)
NEIN, ICH HABE ES IMMER NOCH NICHT VERSTANDEN, schön langsam glaube ich, dass irgendein schwarzes Loch das fehlende Teil verschluckt. Im Ernst!!!!!!!!!!!!!!!!!!!!!!!!!☹

Du sagst, dass du in der FA zu langsam bist?!: Das könnte daran liegen, dass du fast immer in der Früh noch nicht ganz wach bist und immer erst um 7:45 h oder so anfängst zu arbeiten, und dann auch meistens erst, weil ich dich aufwecke!! Warum ist das so? Schläfst du genug? Versuche mal, ein bisschen früher in Schwung zu kommen!!!
Das mit der SA: du hast mir seit ewigen Zeiten nichts mehr gezeigt!! Und das habe ich dir oft genug gesagt! Dann kann ich auch nicht eingreifen, wenn du etwas nicht kapiert hast!! Und ... Übung macht den Meister! Soll heißen, es fehlt dir sicher an Übung, wenn du zur SA kommst! Dann bist du zu langsam ----- logisch und normal! Dass du eigentlich schnell was verstehst, weiß ich auch ... aber es fehlt dir die ÜBUNG!!! ☺

Vielleicht kann ich ihnen mal was im Vertrauen schreiben?
Sie wissen ja, dass ich eigentlich fast nie was bringe, sei es Heft, GZ-Platte oder eben die Hausübung. Naja das klingt jetzt wahrscheinlich etwas sehr bescheuert, aber ich glaube, dass ich niemals einen wirklichen Hausübungsrhythmus entwickelt habe (falls es so etwas überhaupt gibt, denn wenn nicht, dann wäre ich wirklich sehr gestört, also gehe ich einfach mal davon aus). Denn das ist mein ganzes Leben schon so, außer in der 1. Klasse VS, aber da war man noch dahinter. Ab der 2. Klasse dachte meine Mama wohl, dass ich selbständig genug wäre. Ob andere das zu dieser Zeit schon sind, weiß ich nicht. Ist mir irgendwie auch egal. Als ich die dritte dann freiwillig wiederholte, schaffte ich es irgendwie die Hü doch oft genug zu machen, um Zeugnisse zu bekommen. Dies war meistens eine Note schlechter als die meisten von mir erwarteten, aber trotzdem noch im guten Durchschnitt. Das alles aber nur mit Kontrolle. Naja, dann kam die Zeit in der ...-Schule und die Kontrolle war wieder weg, und dort vergaß ich ab der 6. so viel, dass sie mich in der 7. mehr oder weniger rausschmissen. Was sich leider in der HS nicht verändert hat. Und das, obwohl ich mir bei jedem neuen Schuljahr oder Schulwechsel geschworen habe, nichts mehr zu vergessen. Seltsamerweise schaffe ich es, mich in fast allen anderen Bereichen im Leben sehr selbstständig zu verhalten und eher wenig zu vergessen. Fragen sie mich

nicht, warum ich ihnen das geschrieben habe, ich wollte es wahrscheinlich irgendwie erklären.

PS: Ich würde es sehr begrüßen, wenn ich nicht außerhalb des Computers darauf angesprochen werde!!!

Anscheinend bist du ja einsichtig!! Das ist der 1. Weg zur Umkehr! Du MUSST etwas in deinem Leben ändern, wenn du nicht ständig anecken willst und immer nur mit Schwierigkeiten durchs Leben gehen willst!!! Das fängt bei der Motivation für deine Arbeit an!! (HÜ ist nichts anderes als Arbeit). Wenn du in deiner Lehrzeit so weitermachst, wirst du nicht lange eine Lehrstelle haben! Und werde endlich selbstständig!! Das kann dir keiner abnehmen und das musst du kapieren!! Du bist ja nicht blöd!!!

Ich wünsche dir dafür Alles Gute!!! Du kannst das, wenn du willst!!! ☺

Danke!!! ☺

Danke für deinen netten Brief! Und das mit der CD wird ja wohl eher nix! ☺
Aber du kannst uns ja mal bei einem Konzert besuchen!
Ich wünsche dir viel Spaß bei deiner Lehre, hoffentlich gefällt es dir! Und danke, dass du mir nie böse warst, wenn wir wieder mal gestritten (oder diskutiert?) haben, ich habe es nur gut gemeint! (Klingt blöd, ist aber so!)
Viel Glück und schöne Ferien! ☺

Literaturverzeichnis

Anmerkung des Verlages

Bei den Literaturangaben handelt es sich teilweise um gedruckte Quellen (Bücher, Zeitschriftenartikel etc.), teilweise um nur online verfügbare Dokumente, teilweise auch um Online-Versionen von in Druckform erschienenen Beiträgen.

Die vollständigen Links von Online-Dokumenten sind hier nicht wiedergegeben, da dies die Lesbarkeit des Literaturverzeichnisses erschweren würde und alle Dokumente (letzter Abruf: 10.3.2008) zudem leicht über Suchmaschinen auffindbar sind.

Stattdessen sind Verweise auf nur oder auch online abrufbare Dokumente hier mit „Weblinks" (durchnummerierten @-Vermerken) gekennzeichnet. Als zusätzlichen Service finden Sie diese Weblinks im Anschluss an das Inhaltsverzeichnis aufgelöst – ebenso auf dem Verlagsserver, wo in einem buchbegleitenden Bereich unter http://www.vwh-verlag.de/vwh/?p=202 diese Weblinks aktualisiert werden und direkt auf die Quelldokumente verlinkt sind.

AMES, C./AMES, R. (Hrsg.) (1989): *Goals and cognitions*. New York: Academic Press

ARNOLD, R./GÓMEZ TUTOR, C. (2006), „Möglichkeiten der Einschätzung von Selbstlernkompetenz", in: *Zeitschrift für Berufs- und Wirtschaftspädagogik*, Beiheft 20, S. 173–186

BANDURA, A. (1995a), "Exercise of personal and collective self efficacy in changing societies", in: BANDURA (Hrsg.) (1995b), S. 1–45

BANDURA, A. (Hrsg.) (1995b): *Self-efficacy in changing societies*. Papers based on the proceedings of the third annual conference held Nov. 4–6, 1993, at the Johann Jacobs Foundation Communication Center, Marbach Castle, Germany. Cambridge: Cambridge Univ. Press

BANDURA, A. (1997): *Self-Efficacy: The Exercise of Control*. New York: W. H. Freeman and Company

BAUMGARTNER, P./HÄFELE, C. &. H. (2002), „E-Learning: Didaktische und technische Grundlagen", in: CD Austria (Hrsg.) (2002), S. 4–31

BAUMGARTNER, P./PAYR, S. (1999): *Lernen mit Software*. 2. Aufl., Innsbruck: Studien-Verl.

BAUMGARTNER, P. et al. (2004): *Content Management Systeme in e-Education : Auswahl, Potenziale und Einsatzmöglichkeiten*. Innsbruck: Studien-Verl.

BEISHUIZEN, J. (2005), "Planning and control in technology enhanced learning environments", in: CARNEIRO/STEFFENS/UNDERWOOD (Hrsg.) (2005), S. 79–85

BETT, K. (2007), „Das Lerntagebuch als Methode zur Unterstützung individuellen Lernens im virtuellen Raum", in: *Online Tutoring Journal*, April 2007   @1

BLANKERTZ, S./DOUBRAWA, E. (2005): *Lexikon der Gestalttherapie*. Wuppertal: Peter Hammer Verlag @2

BLÖMEKE, S. et al. (Hrsg.) (2004): *Handbuch Lehrerbildung*. Kempten: Klinkhardt

BOEKAERTS, M. (1997), "Self-regulated learning : A new concept embraced by researchers, policy makers, educators, teachers, and students", in: *Learning and Instruction* **7** (1997): 2, 161–186

BOEKAERTS, M. (1999), "Self-regulated learning : Where we are today", in: *International Journal of Educational Research* **31** (1999), 445–457

BOEKAERTS, M./CORNO, L. (2005), "Self-Regulation in the Classroom : A Perspective on Assessment and Intervention", in: *Applied Psychology* **54** (2005), S. 199 bis 231

BOEKAERTS, M./NIEMIVIRTA, M. (2005), "Self-regulated learning. Finding a balance between learning goals and ego-protective goals", in: BOEKAERTS/PINTRICH/ ZEIDNER (Hrsg.) (2005), S. 417–450

BOEKAERTS, M./PINTRICH, P. R./ZEIDNER, M. (Hrsg.) (2005): *Handbook of self-regulation*. Burlington: Academic Press

BOEKAERTS, M./ROZENDAAL, J. S. (2006), "Self-regulation in Dutch Secondary Vocational Education : Need for a More Systematic Approach to the Assessment of Self-regulation", in: *Zeitschrift für Berufs- und Wirtschaftspädagogik*, Beiheft 20, S. 49–77

BORTZ, J./DÖRING, N. (2006): *Forschungsmethoden und Evaluation : Für Human- und Sozialwissenschaftler*. 4., überarb. Aufl., Berlin/Heidelberg: Springer Medizin Verlag Heidelberg

bm:ukk (2000) = Bundesministerium für Unterricht, Kunst und Kultur (Hrsg.): Neuer Lehrplan der Hauptschule   @3

CARNEIRO, R. (2005), "Self-regulated learning in technology enhanced learning environments: The view from industry", in CARNEIRO/STEFFENS/UNDERWOOD (Hrsg.) (2005), S. 13–15

CARNEIRO, R., STEFFENS, K./UNDERWOOD, J. (Hrsg.) (2005): *Self-regulated learning in technology enhanced learning environments*. Proceedings of the TACONET Conference in Lisbon, Sept. 23, 2005. Aachen: Shaker

CARVER, C. S./SCHEIER, M. F. (2005), "On the structure of behavioral self-regulation", in BOEKAERTS/PINTRICH/ZEIDNER (Hrsg.) (2005), S. 41–84

CD Austria (Hrsg.) (2002): *e-Learning.* Sonderheft des bm:bwk, Nr. 5

CHO, M.-H. (2004): The Effects of Design Strategies for Promoting Students' Self-Regulated Learning Skills on Students' Self-Regulation and Achievements in Online Learning Environments (Association for Educational Communications and Technology, 27th, Chicago, IL, Oct. 19–23, 2004) @4

CORNO, L. (1986), "The Metacognitive Control Components of Self-Regulated Learning", in: *Contemporary Educational Psychology* **11** (1986): 4, 333–346

CORNO, L. (1989), "Self-Regulated Learning: A Volitional Analysis", in: ZIMMERMAN/SCHUNK (Hrsg.) (1989), S. 111–141

CORREIA, S./LENCASTRE, E. R. (2005), "Dragons Pathways", in CARNEIRO/STEFFENS/UNDERWOOD (Hrsg.) (2005), S. 134–142

CROSS, J. (2007): *Informal learning : Rediscovering the natural pathways that inspire innovation and performance.* San Francisco (CA): Pfeiffer

DAVIDSON, J. E./STERNBERG, R. J. (Hrsg.) (2003): *The Psychology of Problem Solving.* Cambridge/New York: Cambridge University Press @5

DEITERING, F. G. (1998a), „Humanistische Bildungskonzepte", in GREIF/KURTZ (Hrsg.) (1988), S. 45–52

DEITERING, F. G. (1998b), „Selbstgesteuertes Lernen", in GREIF/KURTZ (Hrsg.) (1988), S. 155–160)

DEMETRIOU, A. (2005), "Organization and development of self-understanding and self-regulation : Toward a general theory", in BOEKAERTS/PINTRICH/ZEIDNER (Hrsg.) (2005), S. 209–251

Deutsches Pisa-Konsortium (Hrsg.) (2000): *Fähigkeit zum selbstregulierten Lernen als fächerübergreifende Kompetenz.* Berlin: Max-Planck-Institut für Bildungsforschung @6

DILGER, B./RICKES, M./SLOANE, P. F. E. (o. J.): *Modellversuchsinformation 6. Instrumente zur Beobachtung und Beschreibung selbst regulierten Lernens* (hrsg. v. Landesinstitut für Schule/Qualitätsagentur, Soest) @7

EULER, D. (2002), „From connectivity to community – Elektronische Medien als Katalysator einer Kultur des selbstorganisierten Lernens im Team", in: *Lernen in Netzen – Aufgaben für die Berufs- und Wirtschaftspädagogik* (hrsg. v. K. BÜCHTER/F. GRAMLINGER) (= *bwp@*, H. 2, Mai 2002) @8

Europäische Kommission (Hrsg.) (2001): *Einen europäischen Raum des lebenslangen Lernens schaffen.* Mitteilung der Kommission (21.11.01). Brüssel: Generaldirektion Bildung und Kultur/Generaldirektion Beschäftigung und Soziales @9

FREIMUTH, J./HOETS, A. (1998), „Projektlernen", in GREIF/KURTZ (Hrsg.) (1998), S. 133–139

FRÖHLICH, W./JÜTTE, W. (Hrsg.) (2004): *Qualitätsentwicklung in der postgradualen Weiterbildung : Internationale Entwicklungen und Perspektiven*. Münster: Waxmann

FUCHS, C. (2005): *Selbstwirksam Lernen im schulischen Kontext : Kennzeichen, Bedingungen, Umsetzungsbeispiele*. Bad Heilbrunn: Klinkhardt

GEE, J. P./SQUIRE, K./STEINKUEHLER, C. (2005): How Games are Reshaping Business @10

GELDERMANN, B./SEVERING, E./STAHL, T. (2006), „Perspektiven des selbst gesteuerten Lernens in der betrieblichen Bildung", in: *Zeitschrift für Berufs- und Wirtschaftspädagogik*, Beiheft 20, S. 109–120

GLÄNZEL, H. (o. J.): Freinet-Pädagogik : Über den Zusammenhang zwischen pädagogischen Zielen und Realität im Unterrichtsalltag @11

GLASERSFELD, E. VON (1997): Homage to Jean Piaget (1896–1980) @12

GRAF, J. (Hrsg.) (2003): *Das Weiterbildungs-Lexikon : Die wichtigsten Lernmethoden, -modelle, -theorien rund um die Management-Weiterbildung auf den Punkt gebracht* [E-Book]. Bonn: managerSeminare Verl.-GmbH

GREIF, S./KURTZ, H.-J. (1998), „Selbstorganisation, Selbstbestimmung und Kultur", in: GREIF/KURTZ (Hrsg.) (1998), S. 19–31

GREIF, S./KURTZ, H.-J. (Hrsg.) (1998): *Handbuch Selbstorganisiertes Lernen*. Göttingen u. a.: Verlag für Angewandte Psychologie

GREIMEL-FUHRMANN, B. (2006/07), „Was ist und was kann Cooperatives Offenes Lernen (COOL)? Neues Unterrichtskonzept. Charakteristika, Chancen, Risiken", in: *wissenplus*, H. 3 @13

GUDJONS, H. (2003), „Selbstgesteuertes Lernen der Schüler : Fahren ohne Führerschein?", in: *Unterrichtswissenschaft* **55** (2003): 5, 6–9

HÄFELE, H./MAIER-HÄFELE, K. (2005): *101 e-Learning Seminarmethoden : Methoden und Strategien für die Online- und Blended Learning Seminarpraxis*. 2. Aufl., Bonn: managerSeminare Verl.-GmbH

HAMETNER, K. et al. (2006): *Qualitätskriterien für E-Learning : Ein Leitfaden für Lehrer/innen, Lehrende und Content-Ersteller/innen* (hrsg. v. R. KRISTÖFL/H. SANDTNER/M. JANDL) @14

HESKE, H. (1998), „Mathe Explorer Logbuch 7.2' : Erfahrungen mit einem Lerntagebuch", in: *Mathematik in der Schule* **36** (1998): 3, 136–143

HESKE, H. (1999), „Lerntagebücher im Mathematikunterricht : Ein Baustein zum selbstreflexiven Lernen und zur Teamentwicklung", in: *Pädagogik* **51** (1999): 6, 8–11

HEYN, S., BAUMERT, J./KÖLLER, O. (1994): Kieler LernStrategien-Inventar KSI : Skalendokumentation. Kiel: Institut für die Pädagogik der Naturwissenschaften

HIMPSL, K. (2007): *Wikis im Blended Learning : Ein Werkstattbericht.* Boizenburg: Verlag Werner Hülsbusch

JACKSON, T., MACKENZIE, J./HOBFOLL, S. E. (2005), "Communal aspects of self-regulation", in BOEKAERTS/PINTRICH/ZEIDNER (Hrsg.) (2005), S. 275–300

KNOLL, J. (2004), „Selbstgesteuertes Lernen und Qualität", in: FRÖHLICH/JÜTTE (Hrsg.) (2004), S. 319–334

KONRAD, K. (2003), „Wege zum selbstgesteuerten Lernen : Vom Konzept zur Umsetzung", in: *Unterrichtswissenschaft* 55 (2003): 5, 14–17

KOPP, B./MANDL, H. (2006), „Selbstgesteuert kooperativ lernen mit neuen Medien", in: *Zeitschrift für Berufs- und Wirtschaftspädagogik*, Beiheft 20, S. 81–91

KUHL, J. (2005), "A functional-design approach to motivation and self-regulation : The dynamics of personality systems interactions", in: BOEKAERTS/PINTRICH/ZEIDNER (Hrsg.) (2005), S. 111–169

LANG, M./PÄTZOLD, G. (2006), „Selbstgesteuertes Lernen – theoretische Perspektiven und didaktische Zugänge", in: *Zeitschrift für Berufs- und Wirtschaftspädagogik*, Beiheft 20, S. 9–35

LEFRERE, P. (2005), "Self-regulated learning in technology-enhanced learning environments: relevance to industry needs and practice", in: CARNEIRO/STEFFENS/UNDERWOOD (Hrsg.) (2005), S. 16–20

MACE, C. F./BELFIORE, P. J./SHEA, M. C. (1989), "Operant Theory and Research on Self-Regulation", in: ZIMMERMAN/SCHUNK (Hrsg.) (1989), S. 27–50

MANDL, H./GEIER, B. (2004), „Förderung selbstgesteuerten Lernens", in: BLÖMEKE et al. (Hrsg.) (2004), S. 567–578

MATTHEWS, G. et al. (2005), "Personality, self-regulation, and adaptation : A cognitive-social framework", in: BOEKAERTS/PINTRICH/ZEIDNER (Hrsg.) (2005), S. 171 bis 207

MCCOMBS, B. L. (1989), "Self-Regulated Learning and Academic Achievement: A Phenomenological View", in: ZIMMERMAN/SCHUNK (Hrsg.) (1989), S. 51–82

METZGER, C. (2004a), „Über den Umgang mit einem Lernstrategieninventar", in: WOSNITZA/FREY/JÄGER (Hrsg.) (2004), S. 349–362

METZGER, C. (2004b): *Wie lerne ich? Handbuch für Lehrkräfte : Eine Anleitung zum erfolgreichen Lernen für Mittelschulen und Berufsschulen.* 4. Aufl., Oberentfelden: Sauerländer Verlage AG

METZGER, C. (2006a), „Lernstrategien funktionsgerecht evaluieren – eine didaktische und forschungsmethodische Herausforderung", in: *Zeitschrift für Berufs- und Wirtschaftspädagogik*, Beiheft 20, S. S. 155–172

METZGER, C. (2006b): *Wie lerne ich? Eine Anleitung zum erfolgreichen Lernen : WLI-Schule*. 6. Aufl., Aarau: Sauerländer Verlage AG

METZGER, C./WEINSTEIN, C. E./PALMER, D. R. (2004): *Wie lerne ich? Lernstrategieninventar für Schülerinnen und Schüler : WLI-Schule*. 7., aktual. Aufl., Aarau: Sauerländer Verlage AG

Microsoft (2006) = *Microsoft Corp.* (Hrsg.): *Microsoft® Encarta® 2007* [DVD]

NEBER, H. (1978), „Selbstgesteuertes Lernen (lern- und handlungspsychologische Aspekte)", in: NEBER/WAGNER/EINSIEDLER (Hrsg.) (1978), S. 33–44

NEBER, H./WAGNER, A. C./EINSIEDLER, W. (Hrsg.) (1978): *Selbstgesteuertes Lernen : Psychologische und pädagogische Aspekte eines handlungsorientierten Lernens*. Weinheim, Basel: Beltz

ÖTSCH, W. (i. Dr.): Konstruktivismus   @15

PARIS, S. G./BYRNES, J. P. (1989), "The Constructivist Approach to Self-Regulation and Learning in the Classroom", in: ZIMMERMAN/SCHUNK (Hrsg.) (1989), S. 169 bis 200

Phänomenologie (2006), in: *Microsoft* (2006)

PINTRICH, P. R. (2005), "The role of goal orientation in self-regulated learning", in: BOEKAERTS/PINTRICH/ZEIDNER (Hrsg.) (2005), S. 451–502

PINTRICH, P. R. et al. (1991): *A Manual for the Use of the Motivated Strategies for Learning Questionnaire (MSLQ)* (= The Regents of The University of Michigan, Technical Report No. 981-B-004)   @16

RANDI, J./CORNO, L. (2005), "Teacher innovations in self-regulated learning", in: BOEKAERTS/PINTRICH/ZEIDNER (Hrsg.) (2005), S. 651–685

REINMANN, G. (2005): *Blended learning in der Lehrerbildung : Grundlagen für die Konzeption innovativer Lernumgebungen*. Lengerich: Pabst Science Publ.

REINMANN-ROTHMEIER, G. (2003), „Vom selbstgesteuerten zum selbstbestimmten Lernen : Sieben Denkanstöße und ein Plädoyer für eine konstruktivistische Haltung", in: *Unterrichtswissenschaft* **55** (2003): 5, 10–13

REINMANN-ROTHMEIER, G./VOHLE, F. (2003): *Didaktische Innovation durch Blended Learning : Leitlinien anhand eines Beispiels aus der Hochschule*. Bern: Huber

RENKL, A. et al. (2004), „Lerntagebücher als Medium selbstgesteuerten Lernens : Theoretischer Hintergrund, empirische Befunde, praktische Entwicklungen", in: Wosnitza/Frey/Jäger (Hrsg.) (2004), S. 101–116

RHEINBERG, F./VOLLMEYER, R./ROLLETT, W. (2005), "Motivation and action in self-regulated learning", in: BOEKAERTS/PINTRICH/ZEIDNER (Hrsg.) (2005), S. 503 bis 529

ROHRKEMPER, M. M. (1989), "Self-Regulated Learning and Academic Achievement: A Vygotskian View", in: ZIMMERMAN/SCHUNK (Hrsg.) (1989), S. 143–167

RONSIVALLE, G. B./METUS, V. (2005), "Motivation and micro-design models and techniques", in: CARNEIRO/STEFFENS/UNDERWOOD (Hrsg.) (2005), S. 26–42

ROZENDAAL, J. S., MINNAERT, A./BOEKAERTS, M. (2005), "The influence of teacher perceived administration of self-regulated learning on students' motivation and information-processing", in: Learning and Instruction 15 (2005): 2, 141–160

RÜPPELL, H. (2005), "Learning and competition: compete and optimise your strategy", in: CARNEIRO/STEFFENS/UNDERWOOD (Hrsg.) (2005), S. 72–78

RUSCH, B. (2006), „Selbstorganisiertes Lernen", in: Microsoft (2006)

RYAN, R. M./DECI, E. L. (2000), "Self-Determination Theory and the Facilitation of Intrinsic Motivation, Social Development, and Well-Being", in: American Psychologist 55 (2000): 1, 68–78 @17

SALMON, G. (2004a): The 5 stage model @18

SALMON, G. (2004b): E-tivities : der Schlüssel zu aktivem Online-Lernen. Zürich: Orell Füssli

SALOMON, G./PERKINS, D. N. (1989), "Rocky roads to transfer: rethinking mechanisms of a neglected phenomenon", in: Educational Psychologist 24 (1989), 113 bis 142

SCHIEFELE, U./PEKRUN, R. (1996), „Psychologische Modelle des fremdgesteuerten und selbstgesteuerten Lernens", in: WEINERT (Hrsg.) (1996), S. 249–278

SCHLOOS, U. (2000): Der Kreislauf des Erfolgs : Materialien zum Selbstmanagement für Lernende (hrsg. v. S. DIETRICH, DIE-Projekt SeGeL). Frankfurt/M.: DIE Deutsches Institut für Erwachsenenbildung @19

SCHOBBE, A. (Hrsg.) (o. J.): „Verbund Selbstwirksamer Schulen [Hompeage] @20

SCHUNK, D. H. (1989a), "Social Cognitive Theory and Self-Regulated Learning", in: ZIMMERMAN/SCHUNK (Hrsg.) (1989), S. 83–110

SCHUNK, D. H. (1989b), "Self-efficacy and Cognitive Skill Learning", in: AMES/AMES (Hrsg.) (1989), S. 13–44

SCHUNK, D. H./ERTMER, P. A. (2005), "Self-regulation and academic learning", in: BOEKAERTS/PINTRICH/ZEIDNER (Hrsg.) (2005), S. 631–649

SCHWARZ, B. (2004), „Kompetenz und lebenslanges selbstgesteuertes Lernen", in: WOSNITZA/FREY/JÄGER (Hrsg.) (2004), S. 1–13

SEMBILL, D./SEIFRIED, J. (2006), „Selbstorganisiertes Lernen als didaktische Lehr-Lern-Konzeption zur Verknüpfung von selbstgesteuertem und kooperativem Lernen", in: *Zeitschrift für Berufs- und Wirtschaftspädagogik*, Beiheft 20, S. 93 bis 108

SHAH, J. Y./KRUGLANSKI, A. W. (2005), "Aspects of goal networks : Implications for self-regulation", in: BOEKAERTS/PINTRICH/ZEIDNER (Hrsg.) (2005), S. 85–110

SHAPIRO, S. L./SCHWARTZ, G. E. (2005), "The role of intention in self-regulation : Toward intentional systemic mindfulness", in: BOEKAERTS/PINTRICH/ZEIDNER (Hrsg.) (2005), S. 253–273

SIEBERT, H. (2005), „Konstruktivismus – eine Wende der Wahrnehmung", in: *Journal für Sozialwissenschaften und ihre Didaktik* 2004: 2 @21

SIEBERT, H. (2006): *Selbstgesteuertes Lernen und Lernberatung : Konstruktivistische Perspektiven.* 2., überarb. Aufl., Augsburg: ZIEL

SPIEL, C./SCHOBER, B. (2002): Lebenslanges Lernen als Ziel: Welchen Beitrag kann die Schule zum Aufbau von Bildungsmotivation leisten? [Projektbericht, unveröff. Mskpt.]

SPÖRER, N./BRUNSTEIN, J. C. (2006), „Erfassung selbstregulierten Lernens mit Selbstberichtsverfahren : Ein Überblick zum Stand der Forschung", in: *Zeitschrift für pädagogische Psychologie* **20** (2006): 3, 147–160

STANGL, W. (2007a): Die kognitiven Lerntheorien @22

STANGL, W. (2007b): Die konstruktivistischen Lerntheorien @23

STANGL, W. (2007c): Kybernetik – die Wurzeln @24

STANGL, W. (2007d): Lernen am Modell – Albert Bandura @25

Statistik Austria (Hrsg.) (2007): Computer und Internet: häufiger, mobiler, schneller [Pressemitteilung, 8.871-120/07] @26

STOFFER, T. (2006), „Konditionierung", in: *Microsoft* (2006)

STRAKA, G. A. (2005), „Selbstgesteuertes Lernen als Chance lebenslangen Lernens? Konzept, empirische Ergebnisse und Konsequenzen", in: WIESNER/WOLTER (Hrsg.) (2005), S. 161–179

TRAUB, S. (2003), „Selbstgesteuertes Lernen in der Praxis", in: *Unterrichtswissenschaft* **55** (2003): 5, 19–22

ULRICH, H./PROBST, G. J. B. (1991): *Anleitung zum ganzheitlichen Denken und Handeln : Ein Brevier für Führungskräfte.* 3. Aufl., Bern: Haupt

UNCTAD (2008) = United Nations Conference on Trade and Development (Hrsg.): *Information Economy Report 2007–2008 : Science and technology for development: the new paradigm of ICT.* New York/Genf: Unied Nations @27

UNDERWOOD, J. (2005), "Self-regulated learning in technology enhanced learning environments: the view from academia", in: CARNEIRO/STEFFENS/UNDERWOOD (Hrsg.) (2005), S. 57–58

UNDERWOOD, J./BANYARD, P. (2005), "Learning and technology: a happy conjunction?", in: CARNEIRO/STEFFENS/UNDERWOOD (Hrsg.) (2005), S. 64–71

VERVENNE, L. (2005), "Towards an industry uptake of self-regulated learning", in: CARNEIRO/STEFFENS/UNDERWOOD (Hrsg.) (2005), S. 49–53

VIERECKE, A. (2006), „Konstruktivismus (Philosophie)", in: *Microsoft* (2006)

WEINERT, F. E. (1982), „Selbstgesteuertes Lernen als Vorraussetzung, Methode und Ziel des Unterrichts", in: *Unterrichtswissenschaft* **10** (1982): 2, 99–110

WEINERT, F. E. (Hrsg.) (1996): *Psychologie des Lernens und der Instruktion* (Enzyklopädie der Psychologie. Themenbereich D, Praxisgebiete. Serie 1, Pädagogische Psychologie, Band 2). Göttingen: Hogrefe

WEINSTEIN, C. E., HUSMAN, J./DIERKING, D. R. (2005), "Self-regulation interventions with a focus on learning strategies", in: BOEKAERTS/PINTRICH/ZEIDNER (Hrsg.) (2005), S. 727–747

WEINSTEIN, C. E./PALMER, D. R. (2002): LASSI : User's Manual for those administering the Learning and Study Strategies Inventory. 2. Aufl., [Clearwater, FL]: H&H Publishing Co., Inc. @28

WIESNER, G./WOLTER, A. (Hrsg.) (2005). *Die lernende Gesellschaft : Lernkulturen und Kompetenzentwicklung in der Wissensgesellschaft.* Weinheim: Juventa

Wikimedia Foundation Inc. (Hrsg.): *Wikipedia : Die freie Enzyklopädie* @29

WILD, K.-P./SCHIEFELE, U./WINTELER, A. (o. J.): LIST: Inventar zur Erfassung von Lernstrategien im Studium @30

WINNE, P. H./PERRY, N. E. (2005), "Measuring self-regulated learning", in: BOEKAERTS/PINTRICH/ZEIDNER (Hrsg.) (2005), S. 531–566

WOOD, D. (2001), "Scaffolding, contingent tutoring and computer-supported learning", in: *International Journal of Artificial Intelligence in Education* **12** (2001), 280–292 @31

WOSNITZA, M., FREY, A./JÄGER, R. S. (Hrsg.) (2004): *Lernprozess, Lernumgebung und Lerndiagnostik : Wissenschaftliche Beiträge zum Lernen im 21. Jahrhundert.* Landau: Verlag Empirische Pädagogik

WUSTINGER, R. (o. J.): Lernen Lernen? – Lernen Lehren, Lehren Lernen … @32

ZEIDNER, M./BOEKAERTS, M./PINTRICH, P. R. (2005), "Self-regulation : Directions and challenges for future research", in: BOEKAERTS/PINTRICH/ZEIDNER (Hrsg.) (2005), S. 749–768

ZIMMERMAN, B. J. (1989), "Models of Self-Regulated Learning and Academic Achievement", in: ZIMMERMAN/SCHUNK (Hrsg.) (1989), S. 1–25

ZIMMERMAN, B. J. (2005), "Attaining self-regulation : A social cognitive perspective", in: BOEKAERTS/PINTRICH/ZEIDNER (Hrsg.) (2005), S. 13–39

ZIMMERMAN, B. J. (2006), "Integrating Classical Theories of Self-Regulated Learning : A Cyclical Phase Approach to Vocational Education", in: *Zeitschrift für Berufs- und Wirtschaftspädagogik*, Beiheft 20, S. 37–48

ZIMMERMAN, B. J./CAMPILLO, M. (2003), "Motivating Self-Regulated Problem Solvers", in: DAVIDSON/STERNBERG (Hrsg.) (2003), S. 233–262 @33

ZIMMERMAN, B. J./MARTINEZ-PONS, M. (1990), "Student Differences in Self-Regulated Learning : Relating Grade, Sex, and Giftedness to Self-Efficacy and Strategy Use", in: *Journal of Educational Psychology* **82** (1990): 1, 51–59

ZIMMERMAN, B. J./SCHUNK, D. H. (Hrsg.) (1989): *Self-regulated learning and academic achievement : Theory, research, and practice.* New York: Springer

Auflösung der Weblinks

@1   BETT (2007): http://www.online-tutoring-journal.de/ausgabeapril07/bett1.htm

@2   BLANKERTZ/DOUBRAWA (2005): http://www.gestalttherapie-lexikon.de

@3   bm:ukk: http://www.bmukk.gv.at/medienpool/901/lehrplan_hs.zip

@4   CHO (2004): http://www.eric.ed.gov/ERICDocs/data/ericdocs2sql/content_storage_01/0000019b/80/1b/a7/72.pdf

@5   DAVIDSON/STERNBERG (2003): http://www.questia.com/PM.qst?a=o&d=110645072#

@6   Deutsches Pisa-Konsortium (2000): http://www.mpib-berlin.mpg.de/pisa/CCCdt.pdf

@7   DILGER/RICKES/SLOANE (o. J.):
http://www.berufsbildung.schulministerium.nrw.de/angebote/segel-bs/download/modellversuchsinformation/heft6.pdf

@8   EULER (2002): http://www.bwpat.de/ausgabe2/euler_bwpat2.pdf

@9   Europäische Kommission (2001): http://www.na-bibb.de/uploads/e-learning/lebenslanges-lernen_mitteilung.pdf

@10   GEE/SQUIRE/STEINKUEHLER (2005):
http://wistechnology.com/media/accel_games_viewer.html

@11   GLÄNZEL (o. J.): http://freinet.paed.com/freinet/fpaed.php

@12   GLASERSFELD (1997): http://www.oikos.org/Piagethom.htm

@13   GREIMEL-FUHRMANN (2007): http://www.wissenistmanz.at/wissenplus/archiv/heft-3-2006-07/wp3_0607_imfokus.pdf

@14   HAMETNER et al. (2006):
http://www.bildung.at/filedatabase/downloader.php?file_code=447a3ead4bd51dbba8778d246f194246

@15   ÖTSCH (i. Dr.):
http://www.sozialekompetenz.org/oetsch/publikationen/konstruktivismus.pdf

@16   PINTRICH et al. (1991):
http://www.eric.ed.gov/ERICDocs/data/ericdocs2sql/content_storage_01/0000019b/80/23/3e/44.pdf

@17   RYAN/DECI (2000): http://www.psych.rochester.edu/SDT/documents/2000_RyanDeci_SDT.pdf

@18   SALMON (2004a): http://www.atimod.com/e-moderating/5stage.shtml

@19   SCHLOOS (2000): http://www.die-bonn.de/selber/materialien/Assets/Kreislauf.pdf

@20   SCHOBBE (o. J.): http://www.selbstwirksame-schulen.de/index.php

@21   SIEBERT (2005): http://www.sowi-online.de/journal/2004-2/sozialkonstruktivismus_siebert.htm

@22   STANGL (2007a):
       http://arbeitsblaetter.stangl-taller.at/LERNEN/LerntheorienKognitive.shtml

@23   STANGL (2007b):
       http://arbeitsblaetter.stangl-taller.at/LERNEN/LerntheorienKonstruktive.shtml

@24   STANGL (2007c): http://arbeitsblaetter.stangl-
       taller.at/WISSENSCHAFTPAEDAGOGIK/Kybernetik.shtml

@25   STANGL (2007d): http://arbeitsblaetter.stangl-taller.at/LERNEN/Modelllernen.shtml

@26   Statistik Austria (2007): http://www.statistik.at/web_de/presse/024081

@27   UNCTAD (2007): http://www.unctad.org/en/docs/sdteecb20071_en.pdf

@28   WEINSTEIN/PALMER (2002):
       http://www.hhpublishing.com/_assessments/LASSI/LASSI_Users_Manual.pdf

@29   Wikimedia: http://de.wikipedia.org

@30   WILD/SCHIEFELE/WINTELER (o. J.): http://www-campus.uni-
       r.de/edu1/index.php?option=content&task=view&id=25&Itemid=103

@31   WOOD (2001): http://aied.inf.ed.ac.uk/members01/archive/vol_12/wood/full.html

@32   WUSTINGER (o. J.): www.popperschule.at/schule/lernenlernen.htm

@33   ZIMMERMAN/CAMPILLO (2003): http://www.questia.com/read/110645314

Weitere Internetressourcen

Artikel „Albert Bandura" (*Wikipedia*):
http://de.wikipedia.org/w/index.php?title=Albert_Bandura&oldid=34271395

Artikel „Friedrich Fröbel" (*Wikipedia*):
http://de.wikipedia.org/w/index.php?title=Friedrich_Fr%C3%B6bel&oldid=36461520

Artikel „Jean Piaget" (*Wikipedia*):
http://de.wikipedia.org/w/index.php?title=Jean_Piaget&oldid=35055506

Artikel „Kognitive Dissonanz" (*Wikipedia*):
http://de.wikipedia.org/w/index.php?title=Kognitive_Dissonanz&oldid=36364572

Artikel „Konnektionismus" (*Wikipedia*):
http://de.wikipedia.org/w/index.php?title=Konnektionismus&oldid=34873742

Artikel „Lew Semjonowitsch Wygotski" (*Wikipedia*):
http://de.wikipedia.org/w/index.php?title=Lew_Semjonowitsch_Wygotski&oldid=33322696

Artikel „Massive Multiplayer Online Game" (*Wikipedia*):
http://de.wikipedia.org/w/index.php?title=Massive_Multiplayer_Online_Game&oldid=35250438

Artikel „Phänomenologie" (*Wikipedia*):
http://de.wikipedia.org/w/index.php?title=Ph%C3%A4nomenologie&oldid=34999353

Artikel „Radikaler Konstruktivismus" (*Wikipedia*):
http://de.wikipedia.org/w/index.php?title=Radikaler_Konstruktivismus&oldid=35128166

Artikel „Reformpädagogik" (*Wikipedia*):
http://de.wikipedia.org/w/index.php?title=Reformp%C3%A4dagogik&oldid=33847464

Artikel „Selbstgesteuertes Lernen" (*Wikipedia*):
http://de.wikipedia.org/w/index.php?title=Selbstgesteuertes_Lernen&oldid=35695021

Artikel „Volition (Psychologie)" (*Wikipedia*):
http://de.wikipedia.org/w/index.php?title=Volition_%28Psychologie%29&oldid=31156369

Artikel „Wiki" (*Wikipedia*): http://de.wikipedia.org/w/index.php?title=Wiki&oldid=36770923

Homepage „SKOLA": http://www.blk-skola.de

Register

Weitere Titel aus dem vwh-Verlag

in der Reihe „Web 2.0"

Torsten Liebig:
Social Software im Marketing
Studenten-Weblogs als Instrument
des Hochschulmarketings
2/2007, 19,90 €, ISBN 978-3-9802643-4-1

Florian Renz:
Praktiken des Social Networking
Eine kommunikationssoziologische Studie
zum online-basierten Netzwerken am Beispiel von openBC (XING)
2/2007, 21,90 €, ISBN 978-3-9802643-6-5

Sebastian Munz/Julia Soergel: Agile
Produktentwicklung im Web 2.0
9/2007, 32,90 €, ISBN 978-3-940317-11-7

Christoph Mörl/Mathias Groß:
Soziale Netzwerke im Internet
Analyse der Monetarisierungsmöglichkeiten
und Entwicklung eines integrierten
Geschäftsmodells
1/2008, 28,90 €, ISBN 978-3-940317-22-3

Tino Seeber:
Weblogs – die 5. Gewalt?
Eine empirische Untersuchung zum eman-
zipatorischen Mediengebrauch von Weblogs
Erscheint 3/2008, ISBN 978-3-940317-23-0

in der Reihe „Typo | Druck"

Catherine Bouchon: Infografiken
Einsatz, Gestaltung
und Informationsvermittlung
9/2007, 27,90 €, ISBN 978-3-940317-07-0

in der Reihe „Game Studies"

Jörg Pacher: Game. Play. Story?
Computerspiele zwischen Simulationsraum
und Transmedialität
10/2007, 27,90 €, ISBN 978-3-940317-10-0

Hannes Witzmann: Game Controller
Vom Paddle zur gestenbasierten Steuerung
11/2007, 25,90 €, ISBN 978-3-940317-14-8

Tim Rittmann:
MMORPGs als Virtuelle Welten
Immersion und Repräsentation
Erscheint 3/2008, ISBN 978-3-940317-20-9

Stephan Schwingeler: Raum und
Perspektive im Computerspiel
Erscheint 4/2008, ISBN 978-3-940317-24-7

**in der Reihe „Schriften zur
Informationswissenschaft"**

Ralph Kölle:
Java lernen in virtuellen Teams
Kompensation defizitärer Rollen
durch Simulation
(Schriften zur Informationswissenschaft; 47)
11/2007, 29,90 €, ISBN 978-3-940317-17-9

Rainer Kuhlen: Erfolgreiches
Scheitern – eine Götterdämmerung
des Urheberrechts?
(Schriften zur Informationswissenschaft; 48)
2/2008, 39,90 €, ISBN 978-3-940317-21-6

Aktuelle Ankündigungen, Informationen und Rezensionen finden sie im
vwh-Blog unter www.vwh-verlag.de.

Das komplette Verlagsprogramm mit ausführlichen Buchbeschreibungen
sowie eine direkte Bestellmöglichkeit im eigenen Online-Shop finden Sie
unter www.vwh-verlag-shop.de.

vwh Verlag Werner Hülsbusch
Fachverlag für Medientechnik und -wirtschaft